Pedro Calderón de la Barca

Darlo todo y no dar nada

Barcelona **2024**
Linkgua-ediciones.com

Créditos

Título original: Darlo todo y no dar nada.

© 2024, Red ediciones S.L.

e-mail: info@linkgua.com

Diseño de cubierta: Michel Mallard.

ISBN tapa dura: 978-84-9897-321-1.
ISBN rústica: 978-84-9816-401-5.
ISBN ebook: 978-84-9897-175-0.

Cualquier forma de reproducción, distribución, comunicación pública o transformación de esta obra solo puede ser realizada con la autorización de sus titulares, salvo excepción prevista por la ley. Diríjase a CEDRO (Centro Español de Derechos Reprográficos, www.cedro.org) si necesita fotocopiar, escanear o hacer copias digitales de algún fragmento de esta obra.

Sumario

Créditos _____ 4

Brevísima presentación _____ 7
   La vida _____ 7

Personajes _____ 8

Jornada primera _____ 9

Jornada segunda _____ 59

Jornada tercera _____ 123

Libros a la carta _____ 185

Brevísima presentación

La vida

Pedro Calderón de la Barca (Madrid, 1600-Madrid, 1681). España.
Su padre era noble y escribano en el consejo de hacienda del rey. Se educó en el colegio imperial de los jesuitas y más tarde entró en las universidades de Alcalá y Salamanca, aunque no se sabe si llegó a graduarse.
Tuvo una juventud turbulenta. Incluso se le acusa de la muerte de algunos de sus enemigos. En 1621 se negó a ser sacerdote, y poco después, en 1623, empezó a escribir y estrenar obras de teatro. Escribió más de ciento veinte, otra docena larga en colaboración y alrededor de setenta autos sacramentales. Sus primeros estrenos fueron en corrales.
Lope de Vega elogió sus obras, pero en 1629 dejaron de ser amigos tras un extraño incidente: un hermano de Calderón fue agredido y, éste al perseguir al atacante, entró en un convento donde vivía como monja la hija de Lope. Nadie sabe qué pasó.
Entre 1635 y 1637, Calderón de la Barca fue nombrado caballero de la Orden de Santiago. Por entonces publicó veinticuatro comedias en dos volúmenes y *La vida es sueño* (1636), su obra más célebre. En la década siguiente vivió en Cataluña y, entre 1640 y 1642, combatió con las tropas castellanas. Sin embargo, su salud se quebrantó y abandonó la vida militar. Entre 1647 y 1649 la muerte de la reina y después la del príncipe heredero provocaron el cierre de los teatros, por lo que Calderón tuvo que limitarse a escribir autos sacramentales.
Calderón murió mientras trabajaba en una comedia dedicada a la reina María Luisa, mujer de Carlos II el Hechizado. Su hermano José, hombre pendenciero, fue uno de sus editores más fieles.

Personajes

Alejandro
Diógenes
Chichón, gracioso
Efestión
Estatira, infanta
Siroés, su hermana
Campaspe, dama
Apeles, pintor
Zeuxis, pintor
Timantes, pintor
Un sacerdote de Júpiter
Nise, dama
Clori, dama
Soldados

Jornada primera

Suenan por una parte cajas, y por otras instrumentos músicos, y mientras dicen los primeros versos, sale Diógenes, viejo venerable, vestido pobremente, con una botija de barro en la mano.

Unos (Dentro.)	El grande Alejandro viva...
Música	Viva el gran Príncipe nuestro...
Unos	cuyos lauros...
Música	cuyos triunfos...
Unos	siempre invictos...
Música	siempre excelsos...
Unos	a voces van diciendo...
Música	que a su imperio le viene el mundo estrecho.
Todos	pues todo el mundo es línea de su imperio.
Alejandro (Dentro.)	Haga el ejército alto en estos campos amenos, a vista de Atenas, griega patria de ciencias e ingenios.
Uno (Dentro.)	Haga repetida salva la música, confundiendo en instrumentos sonoros militares instrumentos.

(Toca la caja.)

Unos Alto, y pase la palabra.

Otros Alto, y prosigan los versos.

Todos El grande Alejandro viva,
viva el gran Príncipe nuestro.

Diógenes ¡Qué contrarias armonías,
en no contrarios acentos,
aquí de estruendos marciales,
aquí de dulces estruendos,
la esfera del aire ocupan,
hasta penetrar el centro
deste pobre albergue, donde
yo, reino y rey de mí mesmo,
habito solo conmigo,
conmigo solo contento!
Mas ¿quién me mete en dudarlo,
sea lo que fuere, puesto
que no me puede añadir
ni gusto ni sentimiento
el saber con qué razón
su media razón del eco
suena en su cóncavo espacio
una y otra vez diciendo:

(Cantan Diógenes y todos.)

Todos que a su imperio le viene el mundo estrecho,
pues todo el mundo es línea de su imperio.

(Sale Chichón.)

Chichón
>Por esta parte me dicen
que una fuente hay, y aunque tengo
trabada lid con el agua
por haber mi casa hecho
alianza con el vino,
la he de buscar con todo eso;
que el cansancio con que entramos
en Grecia marchando, muertos
de sed y calor, bien puede
honestar la tregua, siendo
en Grecia agua mi socorro
mientras no hallo vino greco.
¿Por dónde irá la bellaca?
Pero aquí hay gente. Buen viejo,
decidme hacia dónde corre
una fuente, que deseo,
por más que corra, alcanzarla,
bien que dudando y temiendo,
cuando la busco rabiando,
el que la he de hallar riendo.

Diógenes
>Venid conmigo, que yo
allá voy, a cuyo efecto
me halláis, ya lo veis, cargado
deste rústico instrumento.

Chichón
>«Moza de cántaro» ya
dijo no sé qué proverbio;
viejo de cántaro, no
lo dijo hasta hoy; pues ¿qué es esto?
¿No hay quien venga en vuestra casa
por agua sino vos?

Diógenes	Necio debéis de ser.
Chichón	¿Y de qué lo inferís?
Diógenes	De que, si puedo servirme yo a mí, culpéis que otro no me sirva, puesto que solo está bien servido el que se sirve a sí mesmo.
Chichón	¿Mal fardado y sentencioso, pobretón y circunspecto? ¿Sois filósofo?
Diógenes	No sé más de que quisiera serlo.
Chichón	Pues, en tanto que llegamos, decid, ansí os guarde el cielo, ¿cómo, cuando estas campañas están con tantos diversos aplausos de paz y guerra cubiertas, vos, acudiendo a tan civil ejercicio, vais penetrando lo espeso destos montes, apartado de tanto heroico comercio, sin que la curiosidad os lleve siquiera a verlo?
Diógenes	Pues ¿qué hay que ver?

Chichón   ¿Qué hay que ver?
                    Cuando no fuera el inmenso
                    aparato, con que vuelve,
                    coronado de trofeos,
                    un ejército triunfante
                    de toda Persia, trayendo
                    prisioneras a las hijas
                    de Darío, su supremo
                    rey, que, puesto en fuga, él solo
                    escapó su vida huyendo;
                    cuando no fuera el aplauso
                    con que le recibe el pueblo
                    en estas montañas, donde
                    ha de alojarse este invierno;
                    ¿el ver no más a Alejandro
                    no bastaba, a cuyo esfuerzo,
                    como estas canciones dicen,
                    viene todo el mundo estrecho,

(Cantan Chichón y la Música pues todo el mundo es línea de su imperio.)

Diógenes   Necio te llamé una vez,
                    y ahora a llamártelo vuelvo.
                    ¿Alejandro es más que un hombre,
                    tan vanamente soberbio,
                    que llora que hay solo un mundo
                    para verle a sus pies puesto?
                    Pues ¿por qué me he de mover
                    a verle, cuando mi afecto
                    más fuera, si fuera un hombre
                    tan sabio, prudente y cuerdo
                    que llorara que no había
                    otros muchos mundos nuevos,

                solo para despreciarlos,
                más que para poseerlos?
                Pero esta filosofía
                no es para ti, a lo que infiero
                de tu traje y tus razones.

Chichón   ¿Por qué?

Diógenes   Porque al culto atento
                de ese humano dios aplaudes
                su ambición, no conociendo
                que con cuanto puede, no
                puede enmendar un defecto
                con que, para desengaño
                de lo poco que es su imperio,
                le dio la naturaleza
                en los ojos.

Chichón   Yo confieso
                que, atravesados, es grande
                la fealdad que tiene en ellos,
                mayormente encarnizado
                y lagrimoso el izquierdo,
                sobre cuyo hombro derriba
                la cabeza quizá el peso
                del laurel; pero ¿qué importa
                ser horroroso su aspecto,
                si no le pasan al alma
                imperfecciones del cuerpo?

Diógenes   Sí; mas debiera sin ellas
                pasar al conocimiento
                de que es todo su poder
                caduco y perecedero;

                        pues con cuanto puede, no
                        puede enmendarse a sí mesmo.
                        Y dejando para otra
                        ocasión el argumento
                        (que no acaso este principio
                        quizá a mejor fin asiento),
                        aquésta es la fuente; toma,
                        este vaso es cuanto puedo
                        ofrecerte.

Chichón   ¿Para qué?

Diógenes   Para que bebas, cogiendo
                        el agua con más descanso.

Chichón   Mano con que beber tengo.

(Llega a un lado del tablado, donde habrá una fuente, y bebe con la mano.)

                        Mi señora doña Clara,
                        cuyo corriente despejo
                        entre esotras flores vierte,
                        buscando la flor del berro,
                        en forma de besamanos,
                        como suelen desde lejos
                        los que afectan cortesías,
                        a usted saludo y protesto
                        la nulidad de la fuerza
                        que la sed me hace, advirtiendo
                        que no sirva de ejemplar
                        para otra vez.

Diógenes   ¿Qué es aquello?
                        Con la mano al labio sirve

                el cristal. Al fin, es cierto
                que no hay loco de quien algo
                no pueda aprender el cuerdo;
                pues si la naturaleza
                me dio más noble instrumento
                que el deste barro, de quien
                servirme pueda, no quiero
                ofenderla más, pues basta
                el agravio que la he hecho
                en no saberlo hasta ahora.

Quiebra el barro.

Chichón   Yo he bebido. Mas ¿qué es eso?

Diógenes   Romper ese inútil barro.

Chichón   Pues ¿por qué?

Diógenes   Porque no tengo
                de tener nada que sea
                para la vida superfluo.
                Si puedo vivir sin él,
                ya que de tu sed lo aprendo,
                ¿para qué le quiero yo?

Chichón   ¿De suerte que de provecho
                no es lo que no es tan forzoso
                que no se viva sin ello?

Diógenes   Claro está; pues para sola
                una vida que tenemos
                cuanto en ella está de más
                está en el juicio de menos;

y ya que de ti enseñado
hoy en una parte quedo,
vélo tú en otra de mí,
considerando, advirtiendo
qué caso hará de Alejandro,
ni de todos sus anhelos,
sus aplausos, sus victorias,
sus conquistas y trofeos,
quien se embaraza con solo
un tosco vaso grosero,
el día que llega a ver
que no tenerle es lo mesmo
que tenerle. Y porque más
se esmere el conocimiento
desta verdad, di a Alejandro
que Diógenes, un viejo
mísero y pobre que en estas
soledades vive atento
más a saber que a adquirir,
no solo va a verle, pero
por no verle, al tiempo que
con tanto heroico festejo,
según esas voces dicen,
viene atravesando al templo
de Júpiter (donde yace
el hadado nudo ciego
de Gordio), huyendo su vista,
va penetrando lo espeso
destas rústicas montañas.
Y añade que, si él es dueño
del mundo, lo soy yo más;
pues, en contrarios extremos,
él lo es porque le estima
y yo, porque le desprecio;

                        por más que esas voces digan
                        una y otra vez al viento...

(Cantan Diógenes y todos.)

Todos   que a su imperio le viene el mundo estrecho,
                        pues todo el mundo es línea de su imperio.

(Vase Diógenes.)

Chichón   Extrañas borracherías
                        son las de todos aquestos
                        filósofos; pues por solo
                        haber dicho muy severo
                        cuanto en la vida es más
                        está en el juicio de menos,
                        se andará toda la vida
                        por aquesos vericuetos
                        con su filosofía a cuestas,
                        padre conscripto del yermo.
Ruido dentro.   Pero ¿qué ruido es aquél
                        que hacen al umbral del templo
                        Alejandro y un anciano
                        sacerdote, a lo que veo,
                        de un yugo asidos los dos?

(Salen Alejandro y un Sacerdote, asidos de un yugo, enredadas las coyundas, y Gente.)

Sacerdote   Advierte...

Alejandro   Yo nada advierto.

Sacerdote   El agüero teme.

Alejandro	Aparta; que para mí no hay agüero.
Sacerdote	Pues óyeme, y haz después tu gusto.
Alejandro	Di; ya te atiendo.
Sacerdote	Grecia, esta parte del Asia, sin rey se vio mucho tiempo, sujeta a las sediciones, parcialidades y encuentros de tiranos que querían, alegando los derechos de las armas, serlo a costa de robos, muertes e incendios; en cuyo común desorden, necesitado el consejo, más que corregido, vino a este inhabitado templo de Júpiter a pedirle en tantas ruinas remedio. él, o agradecido al voto o compadecido al ruego, en voz de su estatua dijo que entregasen el gobierno de Asia al que en un monte hallasen labrando el inculto seno de sus bárbaras entrañas, dos blancos novillos puestos en el yugo de su arado; por señas que en medio dellos un águila abatiría

su más remontado vuelo.
¡Tan antiguo es en el mundo
el dar el águila imperios!
Sucedió así; pero apenas
los que le buscaban, viendo
el oráculo cumplido
en Gordio, un galán mancebo,
a sus plantas se arrojaron,
las señas obedeciendo,
cuando los novillos, que antes
el yugo arrastraban tiernos,
embravecidos lidiaron
por arrojarle violentos
de sus cervices; que un bruto
aun se desdeña de serlo
el día que llega a ver
con majestad a su dueño;
si ya no fue que al jurarle
rey, el yugo sacudieron,
como quien dice: «Más le has
menester para otros cuellos,
pues ya los de un vulgo debes
domar, antes que los nuestros».
Rompidas, pues, las coyundas,
dellas este nudo hicieron,
tan sin principio en sus lazos,
tan sin fin en sus extremos,
que no fue posible que
se les desatase. Y siendo
así, que a sacrificarlos
entraron con él al templo,
segundo oráculo en él
dio el gran simulacro inmenso;
pues en segunda voz dijo

que el que deshiciese el ciego
nudo, no solo del Asia
tendría el dilatado imperio,
pero de la ignota parte,
que impide el peloponeso
monte descubrir, sería
monarca también, rompiendo
lo impenetrable de tanto
altivo, tanto soberbio
escollo armado de hiedra,
como se le pone en medio.
Con esta noble codicia
muchos, de ser los primeros
que abriesen el arduo paso
para esotro mundo nuevo,
el ciego nudo intentaron
deshacer osados; pero
no solo de su ambición
consiguieron el efecto,
mas de su ambición quedaron
castigados; pues es cierto
que nadie lo intentó que,
a pesar de su despecho,
no quedase desde allí
a mil desdichas expuesto,
como en venganza de tanto
sacrílego atrevimiento.
Tradición es que ninguno
vivió feliz, y que muertos
con violencia fueron todos,
ya a la ira del acero,
ya a la ruina del acaso,
o a la traición del veneno.
Y así a tus plantas postrado,

>   humildemente te ruego
>   adviertas que...

Alejandro   ¡Calla, calla!
>   Que de escucharte me ofendo.
>   Por el mismo caso que
>   es tan repetido el riesgo,
>   le he de despreciar.

(Hace fuerza a desatar el nudo.)

>   En vano,
>   en vano (¡ay de mí!) lo intento,
>   si ya no es que haga la industria
>   lo que la fuerza no ha hecho.
>   ¿Dijo el oráculo más
>   que el que deshaga este ciego
>   nudo será vencedor
>   de ignotas gentes?

Sacerdote   Es cierto.

Alejandro   Pues yo lo seré, pues yo
>   dejaré el nudo deshecho.

(Saca la daga y rompe la coyunda.)

Sacerdote   ¿Qué haces?

Alejandro   Cortarle, pues tanto
>   monta, para deshacerlo,
>   cortar, como desatar.

Chichón   Yo también me hiciera eso.

¡Miren qué dificultad,
que la hace cada día un maestro
de niños, cuando el muchacho
se da nudos!

Sacerdote
    ¡Oh, el inmenso
Júpiter quiera que sea
desde hoy verdad el proverbio
del «tanto monta»!

Alejandro
    Sí hará;
y para que llegue a verlo
el mundo, apenas descanso
cobrará, cobrará aliento
mi ejército en Grecia, cuando
romperé a ese corpulento
gigante de piedra, que
con su frente abolla el cielo,
con su peso hunde la tierra,
con su bulto estrecha al viento,
el paso, hasta desmentir
estos fatales agüeros
que amenazaron a tantos;
porque ¿para quién el cielo
guarda un mundo, sino para
Alejandro?

Chichón
   Bueno es eso
para un recado que yo
te traigo.

Alejandro
   ¿De quién?

Chichón
    De un viejo,

                dialéctico a todo trance,
                filósofo a todo ruedo,
                que por no verte, señor,
                como había, de ti huyendo,
                de echar por aquesos trigos,
                echó por aquesos cerros,
                diciendo a voces que es más
                monarca del mundo entero
                que tú.

Alejandro   ¿Cómo?

Chichón   Como él
                hace del mundo desprecio,
                cuando tú ganas el mundo.

Alejandro   No dice mal, si eso es cierto.
                Pero dime, ¿por no verme
                fue por otra parte huyendo
                de mi vista?

Chichón   Sí, señor.

Alejandro   Pues no ha de lograr su intento;
                que si él, por altivo, no
                quiere verme a mí, yo quiero
                verle a él, por desengañado.
                ¿Adónde es su albergue?

Chichón   Pienso
                que a la falda dese monte.

Alejandro   Llévame allá; que deseo
                ver quién es dueño del mundo,

	él dejando o yo adquiriendo.
Chichón	Yo te guiaré, aunque otra vez encuentre con quien me ha muerto.
Alejandro	Pues ¿quién te ha muerto?
Chichón	Una fuente que al paso a todos saliendo no solo mata la sed, pero la sed y el sediento.

(Sale Efestión con un pliego.)

Efestión	Dame, gran señor, tus plantas.
Alejandro	Esperad, después iremos; que antes es esto que todo. Efestión, ¿qué hay de nuevo?
Efestión	Que ya Rojana, de Chipre reina, heredera de Venus tanto que igual la sucede en la hermosura y el reino, es tu esposa; en éste vienen confirmados los conciertos.
Alejandro	Los brazos toma en albricias; que, si la verdad confieso, desde que vi su retrato, de amor vivo y de amor muerto quedé a su vista, sin que de Marte el rigor violento borrado de mi memoria

                    su memoria haya. Mas esto
                    no hará novedad a quien
                    sepa que Amor, niño tierno,
                    en brazos creció de Marte
                    desde la cuna, teniendo
                    sus estragos por arrullos
                    y sus iras por gorjeos.

Efestión   Con unas armas presumo
                    que quiere entrambos afectos
                    Amor confrontar.

Alejandro   Di, ¿cómo?

Efestión   Como si abrasó tu pecho
                    con un retrato, con otro
                    quiere en ella hacer lo mesmo,
                    que la envíe el tuyo solo
                    me mandó. Y yo, previniendo
                    no perder espacio alguno,
                    hice sacar en pequeño
                    a tres pintores, que en Grecia
                    concurren, en este tiempo
                    los más famosos, de una
                    estatua que está en un templo
                    de Júpiter, tres retratos;
                    y traigo a los tres con ellos,
                    porque tienen variedad
                    en ideas y bosquejos,
                    porque elijas tú el que ha de ir.

Alejandro   Mucho me holgaré de verlos.

Efestión   Timantes, Zeuxis y Apeles

    son los tres.

(Salen Timantes, Zeuxis y Apeles.)

Chichón (Aparte.)   (¿Qué es lo que veo?
    ¿Aquí Apeles? ¿Si osaré
    hablarle?)

Alejandro   Noticias tengo
    de la elegancia con que
    los tres sutiles y diestros
    ejercéis el mejor arte,
    más noble y de más ingenio.

Timantes   Si los príncipes le honraran,
    señor, como vos, bien creo
    que se adelantaran más
    sus artífices.

Zeuxis   Y es cierto,
    pues sus estudios tuvieran
    vuestros honores por premio.

Apeles   Mayormente cuando fuera,
    como ahora, su heroico empleo
    vuestra persona; pues ella
    hiciera su hombre eterno.

Alejandro   Veamos el vuestro, Timantes.

Timantes   Huélgome que sea el primero,
    porque, habiendo visto esotros,
    no hiciérades déste aprecio.

(Dale un retrato.)

Alejandro Esto no es retrato mío.

Timantes ¿Cómo?

Alejandro
Como en él no veo
esta mancha que borrón
es de mi rostro, poniendo
en disimularla todo
su primor el pincel vuestro.
Lisonjero habéis andado
en no decírmela, siendo
casi traición que en mi cara
me mintáis. Infame ejemplo
da ese retrato a que nadie
diga a su rey sus defectos.
Pues ¿cómo podrá enmendarlos
si nunca llegó a saberlos?
Tomad, tomad el retrato,
castigado el desacierto
de la lisonja, con que
perezca, por lisonjero.

(Rómpele.)

Timantes Señor...

Alejandro No más. Dadme, Zeuxis,
el vuestro vos.

Zeuxis (Aparte.) (Por lo menos
yo en él no le callo nada.)

(Dale un retrato.)

Alejandro   Más parecido está el vuestro;
            pero no menos culpado.

Zeuxis   ¿En qué, señor?

Alejandro   En que viendo
            estoy mi defecto en él
            tan afectado que pienso
            que en decírmele no más
            todo el estudio habéis puesto;
            con que igualmente ofendido
            déste, que desotro, quedo;
            pues lo que en uno es lisonja
            es en otro atrevimiento.
            Tampoco aqueste ejemplar
            quede al mundo, de que necio
            nadie le diga en su cara
            a su rey sus sentimientos;
            que, si especie de traición
            el callarlos es, no es menos
            especie de desacato
            decírselos descubiertos.
            Y así perezcan entrambos,
            breves átomos del viento,
            el uno por mentiroso
            y el otro por verdadero.
(Rómpele.) Apeles, vuestro retrato
            veamos.

Apeles   Con temor le ofrezco.

(Dale un retrato.)

Alejandro   ¿Por qué? si al verle, me dais
a entender prudente y cuerdo
que solo vos sabéis cómo
se ha de hablar a su rey, puesto
que a medio perfil está
parecido con extremo;
con que la falta ni dicha
ni callada queda, haciendo
que el medio rostro haga sombra
al perfil del otro medio.
Buen camino habéis hallado
de hablar y callar discreto;
pues, sin que el defecto vea,
estoy mirando el defecto,
cuando el dejarle debajo
me avisa de que le tengo,
con tal decoro que no
pueda, ofendido el respeto,
con lo libro del oírlo,
quitar lo útil de saberlo.
Este retrato ha de ir;
que, aunque haya de saber luego
Rojana esta imperfección,
por ahora por lo menos,
si viere que se la finjo,
no verá que se la miento.
Y para que quede al mundo
este político ejemplo
de que ha de buscarse modo
de hablar al rey con tal tiento
que ni disuene la voz
ni lisonjee el silencio,
nadie, sino Apeles, pueda

                  retratarme desde hoy, siendo
                  pintor de cámara mío.

Apeles   Humilde tus plantas beso.

(A Efestión.)

Alejandro   Y tú a Zeuxis y a Timantes
                  haz que les den al momento
                  el precio de sus retratos;
                  que, porque yerre un ingenio
                  tal vez, no se han de pagar
                  los estudios con desprecios.
                  Y para que en mi servicio
                  entre con más lucimiento
                  Apeles, haz que le den
                  al punto medio talento
                  por este retrato.

(A Alejandro.)

Efestión   ¿Sabes
                  lo que monta?

Alejandro   No, por cierto.

Efestión   Veinte mil escudos son.

Alejandro   ¿No más? Pues dale otro medio.

Efestión   Mira que es precio excesivo
                  para Apeles.

Alejandro   Calla, necio;

| | que si él es Apeles, yo
soy Alejandro y, midiendo
la distancia desde mí,
nada es excesivo precio. |
|---|---|
| Apeles | Otra vez beso tus plantas;
y a tantas honras me atrevo
a suplicarte que una
añadas. |
| Alejandro | Yo te la ofrezco.
¿Qué es? |
| Apeles | Licencia de volver
a mi casa el breve tiempo
que tarde en traer mi familia. |
| Alejandro
(A Chichón.) | Ve, mas has de volver presto.
Vos, soldado, mientras yo
abro en mi tienda este pliego,
aquí esperad; que hemos de ir
a aquella visita. |
| Apeles | ¡Cielos,
gran dicha ha sido la mía! |
| Timantes | Corrido voy. |
| Zeuxis | Yo voy muerto. |
| Efestión | Mientras a su tienda vuelve
el César, id repitiendo: |
| Todos | ¡El gran Alejandro viva! |

¡Viva el gran Príncipe nuestro!

(Vanse todos menos Apeles y Chichón.)

Chichón   Aunque hablarte había dudado,
no me sufre el corazón
no besar tus pies.

Apeles   ¿Chichón?
Tú seas muy bien hallado.
¿Por qué no hablarme querías,
viéndome hoy aquí?

Chichón   Porque,
como tu casa dejé,
pensé que de mí tendrías
queja.

Apeles   Cuando esclavo fueras,
cuanto más criado, no
tuviera esa queja yo;
pues si bien lo consideras,
hago a Júpiter testigo
que este brazo me cortara,
si este brazo imaginara
que no estaba bien conmigo.

Chichón   No era estar contigo mal;
pensar que estaría, señor,
siendo soldado, mejor;
bien que de discurso tal
te han vengado mis sucesos;
pues fueron necios errores,
por no moler tus colores,

venirme a moler mis huesos.
Locamente me dejé
llevar de la vanidad,
pensando que era verdad
esto de la guerra, y que
a cuatro días sería
por lo menos general.
Hanme dicho el dado mal,
tanto que la suerte mía
de mochillero no pasa;
y así, ya que aquí has venido,
haz que aqueste pan perdido
se vuelva otra vez a casa.
Ya de Alejandro criado
eres, y un talento tienes
de hacienda, con que a ser vienes
el más rico de tu estado.
Fuerza es que has de recibir
quien te sirva; pues ¿a quién
como a mí, sabiendo bien
lo mal que te he de servir?

Apeles   ¿Y ésa es conveniencia?

Chichón   Pues,
¿qué conveniencia mayor
que ver desde ahora, señor,
lo que has de pasar después?
¿Sería mejor que entrara
a servirte un mogigato,
que a dos días de beato
el tercero te robara?
¿Cuánto más bien te está que
yo entre, con conocimiento

	que te quitaré el talento,

    que te quitaré el talento,
    mas no te le robaré?

Apeles   ¿Aun todavía te estás,
    Chichón, de aquel mismo humor?

Chichón   Humores locos, señor,
    no convalecen jamás.
    Pero dime, ¿en qué quedamos?

Apeles   En que yo nunca podré
    negarte mi casa.

Chichón   Pie
    y mano te beso.

Apeles   Vamos
    a saber lo que es servir

Chichón   Si no lo sabes, sospecha
    que es religión bien estrecha.

(Dentro instrumentos.)

Apeles   ¿Cómo? Mas ¿qué es lo que a oír
    llego?

Chichón   Un templado instrumento.

Apeles   Y al compás suyo, parece
    que sonora voz ofrece
    nuevas cláusulas al viento
    desde aquella quinta.

Chichón					Aquí,
					si no miente el juicio mío,
					prisioneras de Darío,
					que están las hijas oí.
					Y como consigo tienen
					las beldades soberanas
					de tantas damas persianas
					como en su servicio vienen,
					querrán aliviar su pena.

Apeles					No es novedad en su esquivo
					hado cantar el cautivo
					con el son de la cadena.
					Oye; que la simpatía
					tras sí arrastrarme procura
					que tienen con la pintura
					la música y la poesía.

(Cantan dentro en lo alto a un lado.)

Voz I					Sobre los muros de Roma,
					de quien es espejo el Tíber,
					prisionera de Aureliano,
					Cenobia al aire repite:

Todas					¡Ay de aquélla que vive
					en campos extranjeros sola y triste!

(Dentro.)

Estatira				¡Ay de aquella que vive
					en campos extranjeros sola y triste!

Chichón					No conforman tono y letra

| | mal a su estado, pues son |
| | de Cenobia a la prisión. |

Apeles   ¿Qué sentido no penetra
            la música?

Chichón   En la batalla
            suele Alejandro mandar
            a sus músicos cantar
            para animarse.

Apeles   Oye y calla.

(Al otro lado en lo alto cantan.)

Voz II   Aquella ilustre matrona
            que no se rindió invencible
            a tantas armadas huestes,
            a solo un dolor se rinde.

Todas   ¡Ay de aquélla que vive
            en campos estranjeros sola y triste!

(Dentro.)

Siroés   ¡Ay de aquélla que vive
            en campos estranjero sola y triste!

Apeles   Sus penas dan que sentir.

Chichón   Por eso debe de ser
            Alejandro no las ver.

Apeles   Ni yo las quisiera oír.

Voz I	Y como el llanto tal vez templa lo que el mal aflige...
Voz II	en lágrimas y suspiros al aire y al agua dice...
Las dos	¡Ay de aquélla que vive...
Todas	¡Ay de aquélla que vive...
Las dos y todas	en campos extranjeros sola...

(Dentro ruido de espadas, y dice dentro Campaspe lastimada.)

Campaspe	¡Ay triste!

(Dentro.)

Soldados	¡Prendedla o muera!
Apeles	¡Oye, espera! ¿Qué es lo que llego a escuchar?
Chichón	Aquéste es otro cantar.
Campaspe	¡Ay de mí!
Soldados	¡Prendedla o muera!
Apeles	De unos soldados seguida, de aquel monte, al parecer, una montaraz mujer baja, en su sangre teñida,

                        defendiéndose valiente
                        de todos.

(Quiere ir adentro.)

Chichón   ¿Adónde vas?

(Detiénele.)

Apeles   ¿Cómo eso dudando estás?
                        A socorrerla...

Chichón   ¡Detente!

Apeles   desos cobardes villanos.

Chichón   ¿De qué sabes que lo son?

Apeles   De que con infame acción
                        ponen en mujer las manos.

Chichón   Ya no podrás; que en un vuelo,
                        de sus armas acosada,
                        desde el monte despeñada
                        da a tus pies.

(Sale Campaspe cayendo, vestida de cazadora rústica, con la espada en la mano, ensangrentado el rostro.)

Campaspe   ¡Válgame el cielo!

Apeles   Hermosa deidad del monte,
                        que con despeñado ultraje,
                        a no desmentirlo el traje,

        te tuviera por Faetonte,
        pues te traes la luz tras ti
        de toda esa azul esfera,
        vive, porque ella no muera.

Campaspe   ¡Ay, infelice de mí!
        Si acaso, joven gallardo,
        desdichas de mujer mueven
        tu pecho y piedad le deben,
        que me defiendas aguardo
        desa gente, que hoy espera
        prenderme o matarme.

Apeles   En mí
        tendrás quien te ampara aquí.

Chichón   En mí no.

(Salen los Soldados que pudieren.)

Soldados   ¡Prendedla o muera!

Apeles   ¿Qué es prenderla ni matarla,
        habiendo llegado donde
        mi valor, que corresponde
        a su obligación, guardarla
        sabrá, sin que de su muerte
        ni de su prisión logréis
        el intento que traéis?

Soldados   ¿De qué suerte?

Apeles   De esta suerte.
        Ponte, Chichón, a mi lado.

(Riñen.)

Chichón
¿No basta que sea Chichón,
sino también coscorrón?

Soldado II
Muera quien libre y osado
ampara una delincuente.

Apeles
Huye, señora; que yo
te guardo el paso.

Campaspe
Eso no;
que, restándote valiente
tú por mí, no he de dejarte.
En este umbral te mejora.

(Pónese a una puerta.)

Chichón
Marimacha es la señora.

Soldado I
Ni guardarla es ni guardarte.

Apeles
¡Ay de mí!

(Cae.)

Campaspe
¿Qué estoy mirando?

Apeles
Matar a un tiempo y morir.

(Dentro.)

Mujeres
No salgas.

Estatira He de salir.

(Pásase Chichón contra Campaspe.)

Chichón Pásome acá, que van dando.

Soldado II ¿Ya qué defensa hay que aguardes?
Date, pues que no hay más plazos,
a prisión.

Campaspe Hecha pedazos.

(Salen Estatira, Siroés, Clori, Nise y Soldados.)

Estatira ¿Contra una mujer, cobardes?

Soldados Advierte...

Estatira No digáis nada.
Ese joven retirad;
y si no ha muerto, cuidad
de su salud, albergada
en vuestra guardia. Y ahora
vosotros esta mujer
dejad, pues se llega a ver
en mi amparo.

Soldados Ya, señora,
tu respeto nos ha puesto
freno.

Estatira Retiraos de aquí.

Campaspe	¿Qué es lo que pasa por mí?

(Retírase. Salen Alejandro y Efestión.)

Efestión	Aquí es el ruido.
Alejandro	¿Qué es esto?
Soldado I	Esto es...
Estatira	No prosigáis, no, villanos; que no ha de osar nadie a hablar ni a respirar adonde estuviere yo.

(A Alejandro.)

Efestión	(Que son las infantas mira.)
Alejandro	(Ya hablarlas cosa es forzosa.) ¿Qué es esto, Siroés hermosa? ¿Qué es esto, bella Estatira? Que ya mi valor aplica la venganza a vuestros pies.
Chichón	¿Estatira y Siroés? ¿Son infantas de botica, donde todo es jerigonza?
Nise	Así una y otra se llama.
Chichón	Pues dadme désa una drama, que ésta ella dará una onza.

Estatira   Esto es el poco decoro
que debe a tu Majestad
la sagrada inmunidad
de la guerra, pues no ignoro
que, si a mi hermana y a mí
prisioneras nos tratara
conforme a la ilustre y clara
real sangre nuestra, no así
sus soldados se atrevieran
a profanar desleales
el respeto a estos umbrales;
pero si ellos consideran
el despego con que no
quiso hablarnos, quiso vernos,
desde que llegó a tenernos
en su campo, hasta que dio
esta ocasión el acaso,
¿qué mucho que a su ejemplar
el tumulto popular
no haga de nosotras caso?
Sin ver que el ser prisioneras
no es ser esclavas, pues una
cosa es mostrar la fortuna
en nosotras sus severas
iras, y otra no tener
en la ley de la prisión
el trato y la estimación
que no perdió nuestro ser
con la libertad, el día
que padre y patria perdió;
que, aunque a Júpiter juró
que libres no nos vería,
a cuyo efecto en rescate
nuestro tan grande tesoro

pidió en piedras, plata y oro,
que no es posible se trate
cumplir; no por eso había
yo de dejar de ser yo.
Y para que vea si dio
ejemplar a la osadía
de sus soldados, habiendo
oído en mi cuarto el rumor,
vi desde ese mirador
un infeliz defendiendo,
su esposa o su dama sea,
la vida de una mujer,
que lo mismo viene a ser
cuando en su amparo se emplea,
para cumplir con su fama;
pues consecuencia es forzosa
que no defienda a su esposa
quien no defiende a su dama.
Robársela pretendían,
sin duda; pues al llegar,
que la habían de llevar
en altas voces decían.
él, mirándose acosado,
para resguardo tomó
esta puerta, donde no
le valió el noble sagrado,
pues en ella y a mis pies,
aun defendiéndole yo,
herido o muerto cayó.

Alejandro   Una y otra queja es
muy digna de ti; y ahora,
respondiéndote, primero
que te desenoje, quiero

satisfacerte, señora,
a la primera que das
de no haberte visto; pues
piedad, no despego, es
huir tu vista; que si estás
de mis armas prisionera,
¿para qué te había de ver?
Puesto que no había de ser
que la libertad te diera.
Ver yo presa una beldad,
para dejármela presa,
es cosa en que no interesa
crédito mi autoridad;
y más si llorara, siendo
así que vivo temblando
más a una mujer llorando
que a un ejército venciendo.
Si a Júpiter le ofrecí
no libraros, noble indicio
fue del mayor sacrificio
que hacer pude; y si pedí
perlas de tan gran valor,
fue de mi estimación muestra,
pues aun una esclava vuestra
valiera precio mayor;
y pues piadoso mi acción
ya en aquesta parte deja
hoy respondida la queja,
paso a la satisfacción.

(A Soldados.) ¿Cómo, cobardes villanos,
hacéis de delitos tales
cómplices estos umbrales?
¡Por los dioses soberanos,
que vuestras vidas...

Soldado	Señor, no, mal informado, des crédito al enojo, pues no es tan ciego nuestro error como imaginas; que aquella mujer que hasta aquí llegó y aquel joven defendió, no era por ser dueño della, sino porque altivo y fuerte se empeñó, habiendo intentado prenderla, por haber dado a Teágenes la muerte.
Alejandro	¿Quién muerte a Teágenes dio?
Soldado	La mujer que seguí fue.
Alejandro	¿Muerta a Teágenes? ¿Por qué?

(Sale Campaspe.)

Campaspe	Eso he de decirlo yo. Invicto Alejandro, a cuyo valor son materia fácil, si a tu duración aspiras, el bronce, el mármol y el jaspe; pues a tu sagrado nombre apellidan inmortales esculpidas letras de oro en láminas de diamante: tú, que desde los primeros años de tantas campales lides saliste bien, como

brazo derecho de Marte,
siendo en la tierra tus huestes
y siendo en el mar tus naves
siempre vencedor de todos,
nunca vencido de nadie;
hijo del grande Filipo
(esto que te diga baste,
pues no hay que ser más que ser
hijo de Filipo el grande):
a tus plantas delincuente
hoy una mujer se vale,
más en la fe de tus iras
que no en la de tus piedades.
No, pues, generoso quiero
que me escuches, sino antes
severo; porque es mi culpa
tan heroicamente amable
que, a precio de que la sepas,
no rehuso que la mandes
castigar, como el padrón
diga en mi huesa: «Aquí yace
quien osó morir valiente,
porque osó vivir constante».
Hija soy de Timoclea,
griega matrona, a quien hacen,
como a deidad destos montes,
sacrificios estos valles.
Difunto su ilustre esposo,
conmigo, en años infante,
a llorar su viudedad
se vino a estas soledades,
donde una hermosa alquería
que en la cerviz dese Atlante,
verde pedazo de cielo,

registra montes y mares,
fue su albergue y fue mi cuna,
sin que nunca a ver llegase
ni más políticas gentes
ni más pobladas ciudades
que estos riscos y estas breñas;
en cuyas austeridades
crecí, tan hijos del campo
mis afectos montaraces
que, pirata de la selva,
que, bandolera del aire,
[en dos elementos] reina
de las fieras y las aves,
el nombre de Timoclea,
último don de mi madre,
no sin jactancia al oírle,
me trocó en el de Campaspe,
como quien dice, campestre
deidad de uno y otro margen.
Pero ¿qué mucho? si como
yo el venablo desembrace,
como yo la flecha vibre,
no hay en términos distantes
pluma que el abril matice
ni piel que el diciembre manche
que por feroz se redima
ni que por veloz se salve,
hasta que ala o testa en
boreal venatorio examen
a mis umbrales no sea
adorno de mis umbrales;
tanto, que el que peregrino
a ellos llega con pie errante,
al ver colgadas las armas

en su frontispicio sabe
que, como reina de montes,
tengo guarda de animales.
Parece que del fracaso
que hoy a tus plantas me trae
la digresión me retira;
pues no; que, para que pasen
mis desdichas a su extremo,
es fuerza prevenir antes
que caen sobre sujeto
tan fiero y tan intratable
como el mío, porque hay
delitos menos culpables
en unos sujetos que otros;
y para haber de juzgarse
conviene que el juez distinga
sobre qué sujeto caen,
porque tiene no sé qué
prerogativas aparte,
para ser tal vez altiva,
la que nunca ha sido fácil.
Y así, asentado que yo
siempre en ejercicios tales
ignoré de Flora y Venus
las dos profanas deidades,
tanto, que amor a mi oído,
si acaso le nombra alguien,
me suena como ruidoso,
pero no como suave,
voy a que, habiendo tu gente
alto hecho en ese admirable
país de Grecia, porque en él
de tantas marchas descanse,
una desmandada tropa

destos soldados, que infames
califican lo que es hurto
con nombre de que es pillaje,
como si mudara especie
la ruindad por mudar frase,
a mi alquería llegó
(vergüenza es que en esto hable,
mas mejor están desnudas
que vestidas las verdades),
donde vilmente enconados
en robar dos recentales,
se trabaron de cuestión
con los bárbaros gañanes
que mis labranzas cultivan
y que mis ganados pacen.
A este ruido, pues, llegamos,
casi a concurrir iguales,
yo, que del monte venía,
y uno de tus capitanes,
cuyo nombre no le supe,
hasta oír aquí nombrarle.
Saludámonos corteses,
y acudiendo a reportarles,
retiré mi gente yo
y él la suya, sin que pase
más adelante su duelo
que no pasar adelante.
¿Quién creerá que nuestras guerras
naciesen de nuestras paces?
Hasta dejarme en mi quinta
me fue acompañando. Nadie
en lo galante se fíe,
porque suele lo galante
afeitar a lo traidor

la tez, bien como sagaces
las astucias de las flores
las asechanzas del áspid.
Despidióse de mí; y cuando
tranquilas seguridades
de la paz de mis sentidos,
ociosamente agradables,
me adormecían, al son
de unos sonoros cristales
que en un jardín entonaban
en bien templados compases
la natural armonía
de las copas de los sauces,
sentí ruido y vi por una
pared de hiedra arrojarse
un hombre al jardín, rompiendo
la muda clausura al parque.
Turbóme no conocido
primero; pero al instante
que distinguí de más cerca
el rostro, persona y traje,
conocido me turbó,
por dar de ladrón señales,
que por las paredes entre
el que ya las puertas sabe.
«¿Qué es esto?» dije y no pude
proseguir, porque a la cárcel
de mis ya presos alientos
torció el corazón la llave.
Lo mismo debió (¡ay de mí!)
de sucederle y pasarle
a él, porque, aunque hablar quiso,
fue solo con el semblante;
de suerte que, por algún

espacio los dos iguales
hablamos como por señas,
él suspenso y yo cobarde,
hasta que, ya prorrumpida
en mal troncadas mitades
la voz, vino a decir una
para mí tan disonante
que él pensó que era lisonja
y yo pensé que era ultraje.
«Amor» fue, como quien pone,
cuando algún volumen hace,
la inscripción en el principio,
para que ninguno extrañe
la materia o la cuestión
que ha de tratar adelante.
No le di yo tanta espera,
porque al ir a pronunciarle,
veloz la espalda volví,
mas no tanto que en mi alcance
no le valiese la acción
lo que la voz no le vale.
La mano me echó y yo, viendo
(¡oh, aquí el aliento me falte!)
que libertades no dichas
eran hechas libertades,
dictada no sé de quién,
de mi honor o mi coraje,
me hallé su espada en la mano,
sin saber quién se la saque
de la cinta; bien que ahora
lo sé, pues, para acordarme
que fue él, el corazón,
al ver que en dudar le agravie,
como quien dice «yo fui»,

en mudos impulsos late.
él, haciendo licencioso,
con risueñas falsedades,
de mi amenaza desprecio,
de mi cólera donaire,
segunda vez a mi mano
la mano osó, pero en balde,
pues cuando pensó que eran
mujeriles ademanes,
la esmeralda de las flores
tiñó de su rojo esmalte.
«¡Muerto soy!» dijo; y al eco
de sus repetidos ayes
los que de escolta tenía
a golpes la puerta abren.
Furiosos entran y, viendo
el desangrado cadáver,
conmigo embisten. Yo, entonces,
por un postigo que cae
al monte, me puse en fuga;
ellos tras mí al monte salen.
Tal vez lidio y tal vez corro,
hasta que, sin que me amparen
valor ni fuga, cayendo
vine desde el monte al valle,
donde un generoso joven,
o de honrado o de arrogante,
puesto en mi defensa, impide
que me prendan o me maten,
tan a toda costa que
fue su vida mi rescate;
de suerte que, de dos vidas
deudora, a tus plantas reales,
de dos muertes delincuente,

	me arrojo, para que pague,
	no la muerte que yo hice,
	sino la que esotros hacen;
	pues más culpada en aquésta
	que en esotra soy, si añades
	al blasón de la primera
	de la segunda el desastre.
(De rodillas.)	Con que a tus plantas, señor,
	poniendo a un tiempo delante
	sobre la sangre de uno
	de otro la espada y la sangre,
	humilde te pido (así
	del Peloponeso pases
	las siempre intrincadas breñas,
	cuyo nevado turbante
	sobre sus penachos vea
	tremolar tus estandartes,
	bien como el gran César vio
	teñir de púrpura el Ganges,
	trascendiendo desde el Tigris
	su lábaro hasta el Eufrates)
	que acabes, señor, conmigo,
	para que conmigo acaben
	tantas ansias, tantas penas,
	tantas iras, tantos males,
	tantos estragos y tantos
	escándalos y pesares
	como amenazan mi vida
	y como mi alma combaten.
Alejandro	Con llanto y valor a un tiempo
	los dos extremos tomaste
	a mi inclinación, mujer,
	sin saber determinarme

                        si me obligues porque lloras
                        o porque matas me agrades.
                        Prended a aquesos soldados.

(Prenden a los Soldados, y quieren llevar a Chichón.)

Chichón   A mí no, que yo a esperarte
                        estaba para ir a aquella
                        visita.

Alejandro   Es verdad; dejadle
                        a ése solo.

Chichón   Tus pies beso.
(Aparte.)   (El demonio que aquí aguarde
                        ni diga que es su criado,
                        o muera Apeles o sane.)

Alejandro   Mira, Estatira, si fueron
                        o rigores o piedades
                        las que usé contigo, pues
                        lo hice por no obligarme
                        a sentir, si tú sintieses,
                        ni a llorar, si tú llorases.
                        Y pues con este ejemplar
                        respondo a las dos iguales,
(A Campaspe.)   de parte de mi justicia,
                        si no te sigue otra parte,
                        perdonada estás, mujer;
                        y para de aquí adelante
                        o no mates, ya que llores,
                        o no llores, ya que mates.
                        Ven, Efestión.

Efestión	¿Qué llevas?
	Que dice mucho el semblante.
Alejandro	No sé; pero mucho temo
	llanto y valor de Campaspe.

(Van Alejandro y Efestión.)

Estatira	Aunque parezca que no
	es cortesano hospedaje
	el que una presa se atreva
	a convidar con su cárcel,
	si el horror de vuestra casa
	o de aquestas soledades
	el riesgo en tiempo de guerras
	permiten, ya que llegasteis
	aquí, que os quedéis conmigo
	será para mí de grande
	lisonja.
Campaspe	Vuestros pies beso.
	Y pues que no puede nadie
	pagar, si no es recibiendo,
	el favor que se le hace,
	le admito hasta que de aquestos
	soldados asegurarme
	pueda.
Estatira	Con nada pudisteis
	mejor el deseo pagarme.
	Venid. ¡Siroés!
Siroés	¿Qué llevas?
	Que dices mucho, aunque calles.

Estatira   No sé; pero mucho temo,
                imaginándole antes
                tan fiero a Alejandro, ver
                a Alejandro tan afable.

(Vanse Estatira y Siroés.)

Nise   Dicha ha sido para todas
                tal huéspeda.

Clori   De mi parte
                yo me doy la norabuena.

Campaspe   ¡El cielo a las dos os guarde!
(Aparte.)   (Oh, ¡qué de cosas, fortuna,
                llevo que comunicarte!
                ¡Quiera Júpiter, no sea
                a las futuras edades
                la tragedia de aquel joven
                asunto a la de Campaspe!)

                Fin de la primera jornada

Jornada segunda

Salen Alejandro, Efestión y Soldados.)

Alejandro	Y, en fin, ¿qué supiste?
Efestión	Supe que piadosamente bella se compadeció Estatira de sus contadas tragedias y que, porque no volviese por ahora a una desierta alquería donde estaba, mientras la gente de guerra en estos montes se aloja, a tantos riesgos expuesta, la rogaba se quedase en su compañía, y ella lo aceptó, de suerte que donde hoy Campaspe se alberga es la quinta de Estatira.
Alejandro	Ambas anduvieron cuerdas, una en ofrecerlo y otra en aceptarlo, aunque fuera mejor para mí, que no anduviesen tan atentas.
Efestión	Pues ¿por qué?
Alejandro	Porque en su casa me fuera más fácil verla, pues no faltara ocasión para entrar tal vez en ella

	con achaque de la caza.
Efestión	Quizá está la conveniencia en la dificultad.
Alejandro	¿Cómo?
Efestión	Como las correspondencias aun más prendadas se gastan con la lima de la ausencia; pues siendo así, ¿qué será la aun no prendada?
Alejandro	Eso fuera en otro, pero no en mí.
Efestión	¿Por qué?
Alejandro	Porque mi violenta condición, bien como rayo, se irrita en la resistencia. Solo porque inconveniente ya en el primer paso encuentra, nace con mayor instancia y crece con mayor fuerza. Pero dime, ¿quién a ti te contó lo que me cuentas?
Efestión	Tienen Siroés y Estatira consigo mil damas bellas que a fuer de palacio tratan la prisión, y no desdeñan los públicos galanteos de algunos amantes. Destas

          Nise, una de las que cantan,
porque tal vez se diviertan,
a título que llevaba
un papel mío una letra
para cantar (que los versos
suelen tener dos licencias),
me la dio de hablarla hoy;
y de una en otra materia
me dijo lo que te he dicho.

Alejandro   Pues tú, para que yo sepa
de Campaspe, has de asistir
desde hoy con mayor fineza
a esa dama, y disponer
que nos sirva de tercera.

Efestión   ¿Tanto la primera vista
de una montaraz belleza,
y más cuando ya Rojana
dicen que embarcada queda,
pudo rendirte?

Alejandro   ¿Qué quieres,
si, como ya dije, al verla
una vez matando altiva,
otra vez llorando tierna,
a mi ánimo y mi piedad
supo tomar las dos sendas;
de suerte que el albedrío
no tiene por donde pueda
escapar, pues a ambas partes
halla cerrada la puerta?

Efestión   Mejor medio hay.

Alejandro ¿Qué es?

Efestión Que ya
que de Estatira la queja
logró tus satisfacciones,
las prosigas; pues con verla
verás con ella a Campaspe.

Alejandro Bien a mi amor aconsejas;
y así, en viendo ese prodigio,
que es oráculo de Atenas,
a quien por curiosidad
aun antes de la primera
luz, porque no huya de mí,
vengo buscando a esta selva,
me pasaré por la quinta.

Efestión De la boca de una cueva
que a la falda de aquel risco
melancólica bosteza,
ya el soldadillo, que fue
a buscarle, sale.

(Sale Chichón.)

Chichón Llega,
señor; que en casa está el viejo.

Alejandro ¿Dijístele que a sus puertas
estaba Alejandro?

Chichón Sí.

Alejandro	Pues ¿cómo no sale a ellas, habiendo mi nombre oído, a recibirme siquiera?
Chichón	Como dice que es temprano, porque el Sol aun no calienta; que, en saliendo el Sol, saldrá.
Alejandro	Y ¿qué hacía?
Chichón	En una media tinaja, llena de lana, metido hasta la cabeza estaba, que parecía degollado de comedia, sin que haya en todo el espacio más cama, silla ni mesa que un candil y cuatro libros.
Alejandro	Hombre que en tanta miseria vive, de saber que yo vengo a verle ¿ni se altera ni se sobresalta más?
Chichón	Y porque mejor lo veas, oye, que vuelvo a llamarle. Señor Diógenes, advierta que viene a verle Alejandro.
(Dentro.)	
Diógenes	¿Hele dicho yo que venga? Pues si yo no se lo he dicho, que se espere o que se vuelva.

Alejandro	No hay más que decir.
Efestión	O mucha constancia o locura es ésta.
Alejandro	Sea lo que fuere, ya hice capricho de verla; si es constancia, por aprecio, y si es locura, por fiesta. Bien podéis salir, que ya el Sol sus rayos despliega.

(Sale Diógenes.)

Diógenes	Pues a ver el Sol saldré; que, al fin, es el que me alienta, me anima y me vivifica.
Alejandro	¿De suerte que, si no fuera por el Sol, lo que es por mí no salierais?
Diógenes	Lo que hiciera no sé; mas sé que él me trae en la regular tarea de las noches y los días esta luz hermosa y bella, y que vos no me traéis nada.
Alejandro	Sí traigo.
Diógenes	¿Qué?

Alejandro
          La respuesta
de un recado que me dio
vuestro ese soldado.

Diógenes
                ¿Qué era?
Que como cosa de poca
sustancia no se me acuerda.

Alejandro
    ¿De poca sustancia es
decir que en mi competencia
sois vos más dueño del mundo
que yo?

Diógenes
        Ah sí, ya se me acuerda,
es verdad, yo se lo dije.
Y si de escucharlo os pesa,
perdonad, lo dicho dicho.

Alejandro
    Antes me huelgo, y por esa
razón vengo a visitaros;
pues es justo que a ver venga
Alejandro a un igual suyo.

Diógenes
    Pues como entre iguales sea
la visita. Ahí hay un tronco,
sentaos; que yo en esta peña
procuraré acomodarme.

(Siéntanse, y Chichón hace que quita un piojo a Diógenes.)

Alejandro
    Agradezco la licencia.
¿Qué es eso?

Chichón
           Deste monarca

                    la caballería ligera
                    que en desmandadas patrullas
                    va saliendo a pecorea
                    con el día.

Diógenes   Quita, necio.

Chichón   Ya quito.

Alejandro   Locuras deja.
                    Y pasando, como amigos,
                    del cumplimiento a la queja,
                    dícenme que, por no verme,
                    echasteis por otra senda.

Diógenes   También me dicen que vos,
                    por verme, echasteis por ésta.

Alejandro   ¿Y es la misma razón huir
                    vos que yo buscar?

Diógenes   La mesma;
                    pues ni otro huyera de vos,
                    sino yo, ni otro viniera,
                    sino vos, a verme a mí;
                    y así es clara consecuencia
                    que, haciéndolo por hacer
                    los dos lo que otro no hiciera,
                    ni en vos hay queja ni en mí
                    culpa.

Alejandro   Y eso ¿en qué se prueba?

Diógenes   En que esto de los caprichos

	más quiere maña que fuerza.
Alejandro	No decís mal. Pero vamos
a saber de qué manera
sois vos más dueño del mundo
que yo.
Diógenes	Pues ¿no es evidencia
que es más rico el que le sobra
que el que le falta la hacienda?
Alejandro	Claro está.
Diógenes	Luego si a vos
sola una parte pequeña
que os falta os trae desvelado,
y no veis la hora de verla
debajo de vuestro imperio,
y a mí nada me desvela,
porque no se me da nada
que sea mía o no lo sea,
más rico soy yo que vos;
pues a vos os falta esa
parte que deseáis, y a mí
me sobran todas aquéllas
que no deseo. Y si no,
pasemos a la experiencia
a cuál está más contento:
¿vos con toda esa grandeza,
majestad y pompa, o yo
con toda aquesta miseria,
hambre y desnudez?
Alejandro	No quiero

	aventurar el apuesta. Pero la posteridad de una heroica fama eterna ¿será vuestra o será mía?
Diógenes	Será mía y será vuestra.
Alejandro	¿Cómo?
Diógenes	Como quien dijere que vino Alejandro a Grecia dirá cómo visitó a Diógenes en ella; con que en la historia vendremos a correr los dos parejas, vos por hacer la visita y yo por no agradecerla. Fuera de que, ¿qué me importa que fama o no fama tenga, si un aliento de la vida hoy calladamente suena más que después todo el ruido de sus trompas y sus lenguas?
Alejandro	Pues siendo así que la vida es lo que se goza della, vos no la gozáis, yo sí. Y para que lo veáis, sea éste también mi argumento, para que a escuchar no vuelva que no vengo a traeros nada. ¿Qué queréis que mi grandeza os dé?

Diógenes   Con que no me quite
mi vanidad se contenta..

Alejandro   ¿Con que no os quite...?

Diógenes   Sí.

Alejandro   Pues
decidme, por que lo sepa.
¿Qué es lo que yo os quito?

Diógenes   El Sol
que va tomando la vuelta.
Y así pasaos aquí, no
me quitéis, por vida vuestra,
lo que no me podéis dar.

Alejandro   Yo os estimo la advertencia.
Y pues que ya os doy el Sol,
daros lo demás quisiera.
¿Qué queréis que por vos haga?

Diógenes   A tan general promesa,
liberal y generosa,
darme por vencido es fuerza.
Ahora bien, haced por mí . . .

Alejandro   Decid, nada os enmudezca.
¿Qué queréis que haga por vos?

(Levanta Diógenes una flor del suelo.)

Diógenes   Sola otra flor como ésta.

Alejandro	Eso fuera ser criador;
	no cabe en la humana esfera
	tan soberano atributo.
Diógenes	Pues ¿qué hay que os desvanezca?
	Si vuestro poder no basta
	a hacer una inútil yerba,
	que da el prado tan de balde
	que la pace cualquier fiera,
	que cualquier ave la pica
	y la aja cualquier huella,
	id con Dios; y a los que estudian
	las desengañadas ciencias
	que en ese azul libro y ese
	verde libro nos enseñan
	ya caracteres de flores
	y ya imágenes de estrellas,
	porque aprendamos a un tiempo
	divinas y humanas letras,
	investigando ingeniosos
	aquella causa primera
	de todas las otras causas,
	no vengáis a hacerles pruebas
	de qué quieren o qué estiman;
	que no hay que estimen ni quieran,
	sino solo desengaños.
	Y porque mejor se vea
	cuál es más rico tesoro,
	la majestad o la ciencia,
	ya que la primera huisteis,
	vaya la segunda apuesta:
	a cuál necesita antes
	o yo de vuestras riquezas
	o vos de mis ciencias.

Alejandro   Yo
                quiero, porque no parezca
                que ambas apuestas rehuso,
                entrar satisfecho en ésta
                de que nunca necesite
                de vos.

(Dentro.)

Unos   ¡Al valle!

Otros   ¡A la selva!

Alejandro   Mirad qué ruido es aquése.

Vase un Soldado.

Diógenes   ¿Y qué perderá el que pierda?

Alejandro   Darse por vencido al otro.

Diógenes   Norabuena.

Alejandro   Norabuena.

Diógenes   Pues, adiós.

Alejandro   Adiós.

Efestión   ¿Posible
                es que has tenido paciencia
                para sufrir este loco?

Alejandro	Mal, Efestión, le afrentas; que si hubiera de dejar de ser quien soy, y estuviera en mí elegir lo que había de ser, ten por cosa cierta...
Efestión	¿Qué?
Alejandro	Que, no siendo Alejandro, ser Diógenes quisiera.
Efestión	En los bronces de la fama vivirá en el mundo eterna esa sentencia.
Chichón	Y quizá habrá en el mundo poeta que della se ría, diciendo que es delirio y no sentencia que celebra el lisonjero.

(Dentro.)

Unos	¡Al monte!
Otros	¡Al valle!
Otros	¡A la selva!

(Sale el Soldado.)

Soldado	Estatira y Siroés, como ya mandaste, al verlas, aliviarlas la prisión,

          usando de la licencia,
al coto que de su estancia
las altas paredes cerca,
dicen que a caza han salido.

Alejandro   ¿Si habrá salido con ellas
Campaspe?

Efestión   Pues ¿quién lo duda
y que suya, señor, sea
toda aquesa montería
y a enseñar el monte venga?

Alejandro   Pues un caballo me dad;
que como acaso quisiera
salirles al paso. (Amor,
guía mis plantas, y emplea
tus dos mejores alhajas
en los dos, el arco en ella,
pues cazadora es, y en mí,
pues que voy ciego, la venda.)

(Vanse todos y queda Chichón.)

Todos   ¡A la selva, al valle, al monte!

(Dentro.)

Chichón   ¡Que haya en el mundo quien tenga
inclinación a la caza,
y se ande buscando fieras,
habiendo rubias y romas!
Pero ahora que se me acuerda
de un amo que Dios me dio

y me quitó a la hora mesma,
¿qué se habrá hecho? Porque
como con tan grande priesa
mandó a su guarda Estatira
quitarle de su presencia,
y ellos allá le llevaron,
a tiempo que en la pendencia
yo había vuelto la casaca,
y disimular fue fuerza
ser mi amo, nunca más
supe dél. ¿Qué diligencia
haré? Pero ¿quién me mete
en que publique el hacerla
mi ruindad? Si hubiere muerto,
no hayan miedo que acá vuelva
a acusar la rebeldía,
ni a tomar la residencia;
y si no, no faltarán
disculpas, cuando parezca.
Y así es lo mejor no darme
por entendido.

(Vase. Dentro.)

Unos   ¡A la selva!

Otros   ¡Al valle!

Otros   ¡Al monte!

(Sale Campaspe con arco y flechas.)

Campaspe   Fortuna,
ya que a mi patria me vuelvas,

pues son mi patria los montes,
permite (¡ay de mí!) que sea
para que halle, como
en mi propia esfera,
piedad en sus riscos,
blandura en sus peñas.
En tanto que la batida
hacia los puestos se acerca,
que todas las damas ya
tomado, aunque parezca
que contra mí mismo
natural me mueva
a emplear mis desdichas
antes que mis flechas,
en esta escondida parte
desahogar quiero la fuerza
de una prisión voluntaria
que a todas horas me niega
poder aun conmigo
hablar. ¡Ay de aquélla
que siente, sintiendo
que el sentir se sienta!
Y pues tan a todas horas
los testigos que me cercan
no me dejan respirar,
¿qué mucho (¡ay de mí!) que vengan
buscando mis ansias,
buscando mis penas
para mis suspiros
aires de mi tierra?
Troncos, riscos, plantas, flores,
brutos, aves, peces, fieras,
cristales, fuentes, arroyos,
cielo, Sol, Luna y estrellas,

                    decidme, pues visteis
                    todas mis violencias,
                         si tuve yo culpa
                    o desgracia en ellas?
                    Pues siendo así que desgracia
                    tuve y no culpa, ¿qué idea,
                    qué aprehensión, qué fantasía,
                    qué ilusión, qué sombra es ésta
                    que a cualquiera parte
                    que los ojos vuelva
                    vaga me persigue,
                    vana me atormenta?
                    De aquel infelice joven
                    que vi muerto en mi defensa
                    tan vivas las señas traigo
                    que a todas partes las señas
                    que están me parece
                    con la faz sangrienta
                    diciéndome...

(Dentro.)

Alejandro   ¡Dioses,
                    piedad!

Todos   ¡Qué tragedia!

Campaspe   ¿Qué voces (¡ay infelice!)
             las que iba a alentar alientan,
             porque en el decirlas yo
             aun ese alivio no tenga?

Estatira   ¡Acudid volando!

Siroés	¡Socorred apriesa!
Alejandro	¡Cielos!
Todos	¡Qué desdicha!
Alejandro	¡Piedad!
Todos	¡Qué violencia!

(Sale Estatira con arco.)

Estatira	¿No hay quien su vida socorra?
Campaspe	¿Qué es esto, Estatira bella?
Estatira	Que dentro de la batida

cayó sitiada una fiera
déstas que los griegos montes
en sus entrañas engendran,
salpicada a manchas,
cuya ligereza
nunca trae ociosas
ni garras ni presas.
Los sabuesos y ventores
que las traíllas sujetan,
porque se lograsen antes
que sus lides nuestras flechas,
tomaron el viento
de la tigre apenas
cuando a los collares
rompieron las cuerdas.
Entre estos, pues, dos lebreles,
atados a una cadena,

salieron juntos a tiempo
que en un caballo atraviesa
la senda Alejandro
y, hollando la senda,
a los pies del bruto
se enlazan y enredan,
de suerte que, alborotado
se desboca y desatienta,
sin que el freno le corrija
ni le gobierne la rienda,
llevándole, al choque
de una y otra pega,
a dar donde [el] bruto...

Campaspe   Oye, aguarda, espera;
que primero que él peligre,
sabré peligrar yo, atenta
a la piedad que conmigo
usó.

Estatira   ¡Júpiter lo quiera!
Que, aunque es mi enemigo,
ya en más noble guerra,
[de] su vida el alma
es [la] prisionera.
Veloz entre las dos lides
de los canes y la fiera,
y del caballo y los canes
su agilidad interpuesta,
el arpón dispara
de suerte que, hecha
blanco de sus plumas
una mancha negra
que entre el codillo y la espalda

señala, bien como en muestra
de que está allí el corazón,
le hiere en él. ¿Quién creyera,
viviendo con alas
el corazón, que ella
le dé al corazón
alas con que muera?
A cuyo tiempo acudiendo
al bruto que desalienta
la enredada lid, le corta
entrambos pies; de manera
que el que amenazado
precipicio era
dispone que en fácil
caída se resuelva.
Y tan fácil que en los brazos
le recibe, porque tengan
los celos siquiera un día
alguien que los agradezca,
o dígalo yo
que agradezco verla.

(Sale Campaspe con un cuchillo de monte en la mano, y Alejandro cayendo.)

Alejandro   ¡El cielo me valga!

Campaspe   Descansa y alienta;
que ya de entrambos peligros
seguro estás.

Alejandro   ¿Quién pudiera,
sino tu deidad, Campaspe,
ser quien dos vidas me ofrezca?
¿No bastaba altiva,

     no bastaba tierna,
     sino liberal,
     para que no tenga
     retirada el albedrío?

(Salen Siroés, Nise y Clori, todas con arcos y flechas.)

Todas   Aquí está Alejandro.

Siroés   Sean
     las albricias de la vida
     tus pies.

(Arrodíllanse todas.)

Alejandro   Alzad de la tierra.

Estatira   A todas nos toca,
     a tus plantas puestas,
     darla a ella las gracias
     y a ti norabuenas.

(Sale Efestión.)

Efestión   Ya que seguir del caballo
     no pude la ligereza,
     dame, gran señor, tus plantas,
     bien que llego con vergüenza
     al ver que, a vista de tantos,
     te socorra y favorezca
     una mujer.

Alejandro   No fue tal,
     sino una deidad suprema

que, en oposición de otras,
  su divinidad ostenta,
  haciendo que el mal
  en bien se convierta.
  Mas ¿quién sino el Sol
  venciera una estrella?
  El nudo rompí gordiano,
  cuya osadía violenta
  me dispuso a lo fatal
  del agüero que en sí encierra;
  y pues que ya la amenaza
  frustrada y vencida queda,
  ¿quién duda que es deidad quien
  le quita al hado las fuerzas?
  Y así, en hacimiento noble
  de gracias, Campaspe bella,
  tu retrato en ese templo
  colgaré, para que sea
  padrón a los siglos
  que diga a sus puertas
  que él solo la tabla
  fue de mi tormenta.

Campaspe   En menos costa, señor,
  la vanidad mía quisiera
  que la deuda me pagarais,
  si la obligación es deuda.

Alejandro   ¿En qué? Que palabra os doy
  que no haya en mi obediencia
  dificultad imposible.

Campaspe   En que os vais a vuestra tienda
  a repararos; porque

	no habrá para mí fineza sino en la seguridad, señor, de la salud vuestra.
Alejandro	Aunque lo que pedís es tan a costa de la ausencia, esto es cumplir mi palabra. Dios guarde a Vuestras Altezas.
(Vase.)	
Efestión	Hermosa Nise, pues ves que ir tras Alejandro es fuerza, acuérdate de mi amor.
Nise	No haré tal; que será ofensa.
Efestión	¿Ofensa acordarte?
Nise	Sí; pues se olvida el que se acuerda.
(Vase Efestión.)	
Estatira	Bien puedes, Campaspe (¡ay cielo!) de tan noble acción como ésta estar muy desvanecida.
Siroés	Y más si en el templo llegas a ver tu retrato.
Campaspe	A mí nada hay que me desvanezca, sino merecer el nombre

	de una humilde esclava vuestra. Pero ya que de mi poca política he dado muestras, diciendo cuán ruda hija soy destos troncos y peñas, no por vanidad, sinó por noticia...
Estatira	Di.
Campaspe	Quisiera saber qué cosa es retrato.
Siroés	¿Nunca ha visto tu rudeza el primor de la pintura?
Campaspe	Pintura ya sé qué sea; que en el templo he visto tablas que, de colores compuestas, ya representan países, ya batallas representan, siendo una noble mentira de la gran naturaleza; pero retrato no sé qué es.
Estatira	Pues que es lo mismo piensa, con la circunstancia más de que la copia parezca al original de quien se saca.
Campaspe	¿Y de qué manera se saca?

Estatira
      Veráslo cuando
a hacer el retrato vengan.
Y ahora quédate aquí,
para que a la quinta puedas
guiar la gente, mientras yo
doy a la quinta la vuelta.
¡Clori! ¡Nise!

Clori y Nise
       ¿Qué nos mandas?

Estatira
   Para templar mis tristezas,
los instrumentos bajad
a los jardines.

Siroés
        ¿Qué llevas?

Estatira
   ¿Qué me andas preguntando
siempre? Lo que fuere sea.

(Vase.)

Siroés
   ¡Qué notable condición!

(Vase.)

Nise
   Ven, probaremos la letra,
Clori, de aquel cortesano
antes de cantarla.

Clori
        Fuerza
es, Nise, que tú la aplaudas,
pues eres tú a quien celebra.

Nise   La cortesanía me mueve
                   más que la lisonja, fuera
                   [de que] ser querida, Clori,
                   a ninguna mujer pesa.

(Vase.)

Clori   Ni ninguna de ver que otra
                   es la querida se huelga.

(Vase.)

Campaspe   Ya que segunda vez, cielos,
                   sola en mis montes me dejan,
                   paréntesis a mis ansias
                   lo que ha sucedido sea;
                   y demos, discurso,
                   segunda vez vuelta
                   a aquella memoria
                   que tanto me cuesta.
                   ¿Qué aprehensión, qué fantasía,
                   qué ilusión, sombra o idea
                   (aquí quedé) es ésta que
                   a cada paso me cerca,
                   sin que el claro día
                   ni la noche negra
                   o la luz me alumbre
                   o el sueño me venza?
                   Parece (¡ay de mí!) que al dar
                   al día y la noche quejas
                   de lo que la una me aflige,
                   lo que la otra me desvela,
                   una y otra quieren
                   hoy satisfacerlas,

                    pues que mis sentidos
                    turban y potencias.
                    Permite, infelice joven,
                    que horroroso representas
                    siempre tu sombra a mi vista,
                    siquiera un instante treguas
                    a tantos horrores;
                    que no te hago ofensa,
                    pues son muerte y sueño
                    una cosa mesma.
                    Y puesto que ya la gente
                    toda a la quinta se acerca,
                    y yo no hago falta, oh tú,
                    intrincado seno, alberga
                    vivo un cadáver.

(Duérmese. Sale Apeles.)

Apeles   Fortuna,
                    ¿adónde mis pasos llevas,
                    sin saber qué puerto
                    elijan ni tengan
                    tantas ansias, tantas
                    desdichas y penas?
                    ¿Quién creerá que haber caído
                    tan sin sentido, en defensa
                    de aquel prodigio, que hallarme
                    sin saber a quién le deba
                    la piedad adonde
                    la humilde miseria
                    de un cuerpo de guardia
                    herido me tenga;
                    que haber callado mi nombre,
                    porque Alejandro no sepa

que reñí con sus soldados;
que, mal cobradas las fuerzas,
salga a ver el día,
siguiendo esta senda
sin guía, sin rumbo,
sin norte, ni estrella:
nada me aflige, ni nada
me turba ni desconsuela,
sino solo no saber
qué mujer, cielos, fue aquélla
que el verla (¡ay de mí!),
pagándome en verla,
hizo mi fortuna
próspera y adversa?
Decidme, montes, pues fuisteis
testigos de mis tragedias,
decidme, aves, fieras, plantas,
flores, troncos, riscos, peñas,
si hallaré, pues mi hado
perdido no encuentra
quien de mí me diga,
quien me diga della?
¿Murió en faltándola yo?

(Habla entre sueños Campaspe.)

Campaspe   No...

Apeles   ¿Tuvo, cuando ausente estuve,...

Campaspe   tuve...

Apeles   quien venciese en su disculpa?

Campaspe	la culpa...
Apeles	¿Qué eco a mi voz respondió?
Campaspe	yo.
Apeles	¡Cielos! ¿Si es verdad o no que el aire me ha respondido? Pues ha sonado en mi oído...
Los dos	«no tuve la culpa yo.»
Apeles	¿Si oí bien o mal habrá quien...
Campaspe	Bien...
Apeles	me diga, y si verdad fue...
Campaspe	que...
Apeles	que en mi desdicha fue dicha?
Campaspe	la desdicha...
Apeles	¿Tuvo amparo cuando anduve?
Campaspe	tuve.
Apeles	Otra vez fuerza es que hube de dudar, si es que colijo que el eco otra vez me dijo...
Los dos	«bien que la desdicha tuve.»

Apeles	Mas no, ilusión es ligera;
	que el eco no habló en lo hueco;
	pues no me dijera el eco
	lo que yo no le dijera;
	y así por toda esta esfera
	desta voz iré buscando
	el dueño. ¿Qué estoy mirando?
	¿Cómo es posible que, siendo
	ella la que está durmiendo,
	sea yo el que estoy soñando?
	¿Cómo puede ser, o bella
	deidad, si eres mi homicida,
	que yo te busque con vida
	y que tú te halles sin ella?
	Si a mí me tocó el perdella
	y a ti el haberla guardado,
	¿cómo sin ella te he hallado?
	Vuelve, vuelve en tu sentido;
	que el haberla tú perdido
	no es haberla yo ganado.
	¿Si la despertaré? Sí,
	aunque su enojo me asombre;
	que mujer que ha muerto un hombre,
	no es justo que duerma así.
	¡Bella deidad!

(Despiértala, y ella huye de él, al verle.)

Campaspe	¡Ay de mí!
	¿Qué miro?
Apeles	¡Qué mal anduve!
Campaspe	Sombra, ilusión...

Apeles   Necio estuve.

Campaspe   No me des muerte, pues no,
no tuve la culpa yo,
bien que la desdicha tuve.
   Déjame, pues, no el empeño
crezcas a mi fantasía,
pasando a la luz del día
las negras sombras del sueño.

Apeles   Hallado y perdido dueño
de un alma que te ha buscado
tan a costa del cuidado
que a un mismo tiempo ha venido
a hallar lo que había perdido
y a perder lo que había hallado,
   no de mí huyas...

Campaspe   ¡Ay de mí!

Apeles   que no soy ilusión yo.

(Cóbrase un poco Campaspe.)

Campaspe   Luego ¿no eres sombra?

Apeles   No.

Campaspe   Luego ¿estás con vida?

Apeles   Sí.

Campaspe   ¿No te mataron?

Apeles	No fui tan dichoso.
Campaspe	¿Dicha fuera?
Apeles	Morir por ti, claro era.
Campaspe	¿Pues yo no te vi a mis pies muerto?
Apeles	Ahora también me ves aun más que la vez primera.
Campaspe	¿Cómo?
Apeles	Como allá la herida del cuerpo me dejó en calma, y aquí la herida del alma, o bellísima homicida, ha vuelto a darme la vida, para que de una manera aquí viva y allá muera, sin morir y sin vivir.
Campaspe	¡Quién te pudiera decir lo que en albricias te diera de las nuevas que me das!
Apeles	¿De cuál dellas? ¿De que muero u de que vivo?
Campaspe	No quiero declararme, joven, más;

      baste decir que jamás
      tuvo mi hado siempre esquivo
      más gozo del que recibo
      al oír ambas nuevas bellas.

Apeles   Sí, mas dime de cuál dellas:
      ¿de que muero u de que vivo?

Campaspe   No sé. Pero gente allí
      hay; no contigo me vea.

Apeles   ¿Será posible lo sea
      el volver a verte?

Campaspe   Sí.

Apeles   ¿Dónde he de buscarte?

Campaspe   Aquí.

Apeles   ¿Vendrás?

Campaspe (Aparte.)   (Hablad, alma, vos.)

Apeles   ¿Qué dices?

Campaspe   Que sí.

Apeles   A los dos
      un hombre se va acercando.

Campaspe   Pues quédate tú.

Apeles   ¿Hasta cuándo?

Campaspe   Hasta otra alba.

Apeles   Adiós.

Campaspe   Adiós.

(Vase. Sale Chichón.)

Chichón   Aunque de lejos te vi,
las señas no me mintieron.
¿Es posible que volvieron
mis ojos a verte?

Apeles   ¿Así,
traidor, infame, villano,
me recibes, después que
tan poca tu lealtad fue
que, dejándome...?

Chichón   La mano
ten; que no me pagas bien,
después que herido te vi,
lo que he pasado por ti.

Apeles   ¿Tú por mí?

Chichón   Yo por ti. ¿Quién,
al verte en sangre teñido,
como un león embistió
con todos tres sino yo?
¿Quién, dejando a éste partido
 por medio, de un tajo tal
que puso en puntos al arte,

     pasó a éste de parte a parte,
a tiempo que en diagonal
  círculo aquél me embistió?
¿Quién, dando al otro un hurgón,
la herida de conclusión
hizo al que se le seguía?
  ¿Y quién, tomando a destajo
que nadie le quede a vida,
le dio a éste la zambullida
y a aquél la de uñas abajo?

Apeles   ¡Oye, aguarda! ¿De qué modo
son, si todos eran tres,
ya seis los muertos?

Chichón   ¿No ves
que maté sombras y todo?
  En fin, tropezando (¡extraña
desdicha es la del tropiezo!),
las garras me echó al pescuezo
el barrachel de campaña;
  en un cepo me metió,
donde he estado hasta este día,
que un amigo que tenía
la cuartada me probó.

Apeles   ¿La cuartada? ¿Cómo así,
si a tantos diste?

Chichón   Porque
fue fácil el probar, que
los di sin estar allí.
  De no verte noche y día
fue la causa mi prisión.

Apeles   Calla; ya sé cuáles son
tu locura y cobardía.

(Hablan los dos aparte. Salen Efestión y Alejandro.)

Efestión   En fin, ¿vuelves?

Alejandro   ¿Qué he de hacer,
si estoy fuera de mi centro
donde a Campaspe no encuentro?
¿Cómo podría saber
   por dónde iría?

Efestión   Hacia allí
dos hombres, señor, están;
ellos quizá lo sabrán.

Alejandro   Oye; ¿no es Apeles?

Efestión   Sí.

Alejandro   Ventura es haber venido
a tan buen tiempo.

Apeles   Crueles
son tus locuras.

Alejandro   ¡Apeles!

Apeles   Las plantas, señor, te pido.

Alejandro   Aunque de lo que has tardado
queja pudiera formar,

                los brazos te quiero dar,
                por el tiempo a que has llegado.

(A Chichón.)

Apeles   (Pues él no sabe de mí
                más de que me tuvo ausente
                su licencia, nada cuente
                tu voz.)

Chichón   (No haré.)

Apeles   Feliz fui,
                  ya que en la vuelta tardé,
                en venir en ocasión
                que ella me alcance el perdón
                de la tardanza.

Alejandro   No sé
                  cómo encarecerte cuánto
                estimo el llegarte a ver
                día en que te he menester.

Apeles   Mucho, gran señor, me espanto,
                 cuando ser tu esclavo trato,
                que me recibas así.
                ¿En qué te sirvo?

Alejandro   Por mí
                hoy has de hacer un retrato
                 de tan hermoso sujeto
                que no hayas menester,
                como en el mío, poner
                perfil a ningún defeto.

Apeles	Muy poco haré en eso yo
para lo mucho que escucho.
Alejandro	Aunque es poco, importa mucho,
que todo tu estudio no
perdone al arte este día
la elegancia con que sueles
esmerar de tus pinceles
la gala y la valentía.
Una mujer has de ver,
y ésta me has de retratar
con tal alma, que el hablar
la falte, por no querer;
bien que en esta parte no
vendrá a ser tuya la palma;
pues si la vieres con alma,
es que se la he dado yo.
Apeles	Digo, señor, que pondré
al retrato tal cuidado
que, aunque en el lienzo pintado,
tan fuera del lienzo esté,
que llegue tu amor feliz
a persuadirse, no en vano,
que echarla puede la mano
entre el cuadro y el matiz.
Chichón	Y yo, que ya soy criado
de Apeles, la moleré
más que a los matices.
Alejandro	¿Qué
te obliga a no ser soldado?

Chichón   Haber dado una menguada
               en pensar que es peor estado
               el ser moza de soldado
               que ser moza de soldada.

Alejandro   Pues bien puedes prevenir
               pinceles, tabla y colores;
               aunque mejor a las flores
               se los pudieras pedir,
                  pues todas los dieran fieles,
               mezclando a tan altos fines
               entre rosas y jazmines
               azucenas y claveles.
                  Y pues que ya no está aquí,
               ¿quién duda en la quinta está?
               Llévale, Efestión, allá,
               y de mi parte les di
                  a Estatira y Siroés
               que a hacer el retrato envío
               del templo, aunque mi albedrío
               no sé lo que hará después.
(A Apeles.)   Y tú, porque sea mejor
               el primor de tu pintura,
               píntame a mí su hermosura
               y píntala a ella mi amor.

(Vase.)

Efestión   Venid conmigo, porque
               lo que importa prevenir
               se disponga antes de ir.

Apeles   En todo obedeceré

      vuestras órdenes.

Efestión   Con ella
podrá ser veáis otra dama
de no menor lustre y fama,
y quizá, Apeles, tan bella.

Apeles   Mucho me holgaré, aunque en mí
nada llenará mi idea;
que no es posible que sea
igual a la que yo vi.

(Vanse. Salen Estatira, Clori, Nise y Músicos con instrumentos.)

Estatira   Vuelve, Nise, a repetir
la letra; que hacerte quiero
esta lisonja, si infiero
que se debió de escribir
 por ti.

Nise   Muchas hay, señora,
de mi nombre; no sería
por mí, que la humildad mía
no se halla merecedora
 deste aplauso.

Estatira   ¿Cúya es?

Nise   De un discreto cortesano
cuyo ingenio soberano
goza el más alto interés
 del crédito y la opinión
por galán, noble y discreto.

Estatira   Bien lo dice en su conceto
                el aire de la canción.

Nise   A Nise adoro y, aunqué
                la dije mi frenesí,
                ni sé si me quiere, ni
                por qué ha de quererme sé.

(Salen al paño Efestión y Apeles.)

Efestión   Esperad, no interrumpamos
                esta voz que dulcemente,
                por la letra y quien la canta,
                me ha suspendido dos veces.

Apeles   Ya hice yo reparo en uno
                y otro, que son muy parientes
                música, poesía y pintura;
                y a lo que a mí me parece,
                si se hubiera de glosar
                la canción, no fácilmente
                se le hallaran dos sentidos.

Efestión   Escuchad, que a cantar vuelven.

Músicos   A Nise adoro y, aunqué
                la dije mi frenesí,
                ni sé si me quiere, ni
                por qué ha de quererme sé.

Efestión   Ya que han cesado, esperad,
                que a pedir licencia llegue.

Estatira   ¿Quién es quien se entra hasta aquí?

Efestión	Quien con dos disculpas tiene seguro que vuestro enojo sus sagradas iras temple. La primera es la dulzura con que este canto suspende, tanto que no deja acción para que otra acción se acierte; y la segunda, venir de parte de quien merece vuestra audiencia a cualquier hora.
Estatira	¿Quién en vuestro juicio tiene ese mérito?
Efestión	Alejandro.
Estatira (Aparte.)	(¡Si tan feliz mi amor fuese, que lograse en su memoria algún alivio mi suerte!) Pues bien, ¿qué manda Alejandro?
Efestión	Que deis licencia que llegue a retratar a Campaspe; que ya sabéis cómo tiene ofrecido su retrato a las sagradas paredes de Júpiter el no igual arte del divino Apeles.
Estatira	Esto y lo que yo pensaba todo es uno. Decid que entre.

(Entra Apeles.)

Apeles	A vuestras plantas, señora,
	antes de veros, alegre,
	feliz, contento y ufano
	venía, por parecerme
	que había de conseguir
	el empeño a que me atreve
	la obediencia de mi dueño;
	mas después de veros, vuelve
	atrás mi esperanza.
Estatira	¿Cómo?
Apeles	Como pintarse no pueden
	las perfectas hermosuras,
	sin que el crédito se arriesgue.
	Cuando en un rostro hay lunar
	o desproporción que acuerde,
	cuando se mira el retrato,
	de su dueño las especies,
	es fácil el retratarle;
	mas cuando es tan excelente
	que no hay término en sus partes
	que desigualado deje
	especies a la memoria,
	no se imita fácilmente.
	Y así habréis de perdonarme
	cuando el retrato no acierte,
	si está en vuestra perfección
	y no en mí el inconveniente.
Estatira	Cortesano sois, pintor,
	y es preciso que me pese
	que vuestra cortesanía

	tenga más peligro que ése.
Apeles	¿Por qué?
Estatira	Porque no soy yo
la del retrato; y si viene
a estar en lo más hermoso
el riesgo al no parecerse,
es más hermosa que yo,
conque vuestro empeño tiene
más que vencer. Y porque
lo veáis, yo haré que en breve
venga a veros más airosa
y más prendida que suele,
porque tenga en sus adornos
yo alguna parte. (Esto es verme
obligada a no mostrar
la envidia que el alma siente;
y para hacer la deshecha
mejor, esto ha de ser.) Venme,
Nise, cantando ese tono,
y vosotros desde ese
cenador cantad, en tanto
que la pintan, porque temple
la penalidad de estar
suspensa el tiempo que fuere
necesario.
Clori	Porque sea
todo a propósito, puede
ser el tono que cantemos
el del retrato de Irene.

(Vanse los Músicos.)

Nise
(A Efestión.)
  Fuerza es que tras ella vaya.
Esperad; que, si pudiere,
volveré a veros.

Apeles
  Yo en tanto
voy a ver si Chichón viene
con el bastidor, el lienzo,
los matices y pinceles.

(Vase.)

Estatira
  ¿No cantas, Nise?

Nise
  Pues ¿cuándo
no es mi oficio obedecerte?

Estatira (Aparte.)
  (Oh, ¡cuán a costa del alma
finge la que calla y siente!)

Nise
  A Nise adoro y, aunqué
la dije mi frenesí,
ni sé si me quiere, ni
por qué ha de quererme sé.

(Éntranse Estatira y Nise cantando.)

Efestión
  Por si no volviere Nise,
como me ha ofrecido, hacedme
merced de decirla, Clori,
cuánto el alma la agradece
el que haya hecho tanto aprecio
de cortesanía tan leve
como aquel mote.

Clori	¿Por qué
que le cante os desvanece?
Efestión	Porque es su ingenio el que adoro,
y así estimo que el mío precie.
Clori	¿Y es galantería o locura
alabar, cuando eso fuese,
una dama a otra?
Efestión	No sé;
pero si es locura, tiene
disculpado frenesí.
Clori	Pues sabed que a las mujeres,
sin que nos importe nada,
la ajena alabanza ofende.
Efestión	Groserías de rendido
groserías son corteses;
que no os quita a vos el ser
discreta y hermosa el verme
menos bien empleado en Nise
que estuviera en vos.

(Sale Nise.)

Nise	¿No puede
ser fino con una dama
un hombre, sin que sea aleve
con otra?
Efestión	Yo... Ni... con Clo...

                    si...cuando...

Clori   ¿Qué te enmudece?

Nise   ¿Qué te turba?

Efestión   No saber,
            pues una y otra se ofende,
            de lo que quiero y no quiero,
            cuál me olvida o cuál me quiere.

Clori   ¿Yo, por qué había de olvidarte?

(Vase.)

Nise   ¿Yo, por qué había de quererte?

(Vase.)

Efestión   Oye, Nise; escucha, Clori.

(Salen Chichón, con todo aderezo de pintar, y Apeles.)

Chichón   Ya están aquí caballete,
            pinceles, lienzo, paleta,
            colores, piedra y aceite.

Apeles   Ponlo aquí, que hay buena luz;
            Y avisad vos, que ya puede
            salir la dama.

Efestión   ¡Ay de mí!

Apeles   ¿Qué es lo que ahora os suspende?

Efestión	Dijisteis que no era fácil
la glosa de aquel motete;
y ya se ha facilitado
con lo que aquí me sucede,
después que de aquí salisteis.
Apeles	¿De qué suerte?
Efestión	Desta suerte.
Apeles	A Nise adoro y, aunqué...
Efestión	Hablando de Nise bella
con Clori, me preguntó:
¿qué inclinaba más mi estrella?
a que mi amor respondió
que el ingenio que hay en ella;
conque no solo mostré
que adoro a Nise, sinó
lo que en ella adoro, en fe
de que se sepa que yo
adoro a Nise; y, aunqué ...
Apeles	la dije mi frenesí...
Efestión	Clori, al parecer quejosa,
que no hay mujer que otra quiera
que sea discreta ni hermosa,
o de vana o de celosa,
un loco me dijo que era.
Yo el serlo la concedí,
pues por Nise el juicio pierdo;
mas de tal locura en mí,

| | por lo menos, que era cuerdo
              la dije mi frenesí.

| Apeles | ni sé si me quiere, ni...

| Efestión | Oyendo nuestras cuestiones,
              Nise llegó y yo quedé
              tan turbadas mis acciones
              que, cuanto desde allí hablé
              fueron troncadas razones.
              Ni-, dije, por verme si-
              conti-, a Clo- tengo quejo-;
              y así entre las dos parti-
              ni sé si me olvida Clo-,
              ni sé si me quiere Ni-.

| Apeles | por qué ha de quererme sé.

| Efestión | Ambas, riéndose al ver
              mi turbación singular,
              falsas quisieron saber
              por qué una me ha de olvidar,
              por qué otra me ha de querer.
              Yo respondí: si amor fue
              fino y necio en declararme,
              bien de una y otra la fe,
              pues sé por qué ha de olvidarme,
              por qué ha de quererme sé.

    Mas quédese aquí la tema
de si puede o si no puede
glosarse; y vamos a que
ya hacia aquí la dama viene
que habéis de retratar.

Apeles ¿Cuál es?

Efestión La que miráis presente.

(Sale Campaspe vestida de gala.)

Apeles (¿Qué miro? [¡ay de mí infelice!]
(Aparte.) ¿No es ésta [¡cielos, valedme!]
  en la pendencia y el monte
  la de mi vida y mi muerte?)

Campaspe Hasta ver lo que es retrato,
  el alma traigo pendiente.

(A Efestión.)

  ¿Sois el pintor?

Efestión No, señora.
  El que miráis es Apeles.

Campaspe (Aparte.) (¿El del monte y la pendencia
  [¡valedme, cielos!] no es éste?)

Apeles Yo soy, señora (no acierto
  a hablar) el que a copiar viene
  vuestra hermosura; porque
  como el que una carta teme
  que se pierda y la duplica,
  yo así es forzoso que intente
  duplicar vuestra hermosura,
  con temor de que se pierde.

Campaspe	No os entiendo, ni sé cómo, si el duplicarse es hacerse de una dos, en la pintura se pierda, porque se aumente.
Apeles	Fuera fácil con saber que en mi desdichada suerte quizá el hacer de una dos es porque os pierda dos veces.
Campaspe	Vuelvo a decir que no sé por qué lo decís.
Apeles	No puede explicarse más el alma.
Campaspe	Pues dejad la voz pendiente hasta otra alba, como os dije.
Apeles	Ya no es posible que espere esa luz.
Campaspe	¿Por qué?
Apeles	Porque tanto el orden se pervierte de todo en mí que aun el alba desde ahora me anochece.
Campaspe	Tercera vez no os entiendo. Pero sea lo que fuere; mirad que es fuerza acudir, siquiera por los presentes,

	a lo que venís.
Apeles	Traed en que esta dama se siente.
Chichón	Aquí un taburete está, y es dicha ser taburete, porque quepa el guardainfante, ya que ellos son solamente los que medran, no teniendo brazos.
Apeles	Sentaos aquí enfrente, para que a la mejor luz el primero rasgo empiece; ¿quién creerá que contra mí yo mi misma acción aliente?

(Siéntase ella, y él pone el bastidor, toma la paleta, y Chichón muele los colores, y pinta Apeles.)

Campaspe (Aparte.)	(¿Qué hago yo aquí, para que él desde allí les represente a otros mi imagen?)
Apeles	No hagáis mudanza, para que llegue a coger más fijo el aire.
Campaspe	¿Que no haga mudanza quieres?
Apeles	Es fuerza que, si la hacéis, todo lo que pinte yerre.

Campaspe	Buen arte es el que no admite mudanzas en las mujeres.
Chichón	Por eso otras, que se pintan de matices diferentes, no solo se mudan, pero se enmudan con los afeites.
Apeles	Calla tú y muele, Chichón.
Chichón	¿Cuándo callan los que muelen?
Campaspe	Pues ¿qué hace aquél allí?
Chichón	Un chiste te lo dirá brevemente: a una mozuela la dije, repartiendo unos cachetes un día entre sus mejillas y sus labios y sus dientes, «mi oficio es moler colores, hija mía, no te quejes».
Apeles	O vete allá fuera o calla.
Chichón	Por más fácil tengo el «vete».

(Vase.)

Efestión	En tanto que vos pintáis, voy a ver si hablar pudiese a Nise en esos jardines.

(Vase.)

Apeles	Pues solo he quedado, atiende
que, cumpliendo de pintor
y de criado las leyes,
pintaré al olio tus gracias,
y mis desgracias al temple.
(Dentro.)	
Músicos	Condición y retrato
teman de Irene,
que ha de dar muerte a todos,
si la parece.
Apeles	Hermosísima deidad,
que árbitro absoluto eres
de mi muerte y de mi vida,
¿cómo dices que no entiendes
mi dolor, si mi dolor
hablando tan claramente
está en mis mismas acciones,
cuando hay poder, que me fuerce
a que le lleve tu imagen,
porque en tu imagen le lleve
el ídolo de su amor,
en cuyas aras...?
Campaspe	Suspende
la voz; que te entiendo menos,
cuando a tu dolor parece
que se explica más. ¿Qué imagen,
qué ídolo, qué amor es ése?
Músicos	Cuando libre el cabello

	no la obedece,
	como a un negro le trata,
	pues que le prende.
Apeles	La imagen deste retrato,
	el ídolo al ofrecerle
	Alejandro en sacrificio
	a su amor, pues que pretende
	que viva a sus ojos vayas,
	con el alma que él te ofrece.
Campaspe	¿A mí Alejandro?
Apeles	¿Eso dudas?
	Pues ¿qué a pintarte le mueve?
Campaspe	Darle al templo por memoria
	de que la vida le diese.
Músicos	Quien se abrasa y no sabe
	dónde hallar nieve,
	sepa dónde ella vive,
	que allí está enfrente.
Apeles	¡Ay, que no es eso! Porque
	¿qué culto fuera decente
	el dar al templo tu imagen,
	si dirán cuantos la vieren
	(más que honrando tus acciones,
	disfamando tus desdenes)
	que, si a él le diste la vida,
	a mí me diste la muerte?
	Porque te adora (¡ay de mí!)
	te retrata.

Campaspe	Pues ¿qué adquiere para un amor un retrato?
Apeles	Mentir las horas de ausente.
Músicos	Arcos son sus dos cejas, triunfales siempre, pues celebran las ruinas de los que vence.
Campaspe	¡Qué mal has hecho en decirme...
Apeles	¿Qué?
Campaspe	... que Alejandro me quiere!
Apeles	¿Por qué?
Campaspe	Porque lo ignoraba, si tú no me lo dijeses.
Apeles	Antes bien, porque al dolor en algo le lisonjee ser yo quien lo diga.
Campaspe	¿Cómo?
Apeles	Como la herida más fuerte, si propia mano la cura, menos que la ajena duele.
Músicos	Son sus ojos preciados tan de valientes

	que, al mirarlos, entre ojos
	traigo mi muerte.
Apeles	Fuera de que ¿cómo puedo
	yo excusarlo, si hay quien fuerce...
Campaspe	¿A qué?
Apeles	... a que aquesta vez hable,
	porque calle para siempre?
Campaspe	Con todo, que has hecho mal
	otra vez digo, si atiendes
	que no hay mujer que no quiera
	ser querida; con que viene
	a ser ruindad de tu parte
	la que de mi parte puede
	ser vanidad.
Apeles	Antes bien,
	que el que rendido padece,
	cuanto más padece, goza;
	y así es fineza que pienses
	que quiero padecer yo
	lo que a ti te desvanece.
Músicos	Un pleito a sus mejillas
	mayo y diciembre
	ponen, porque les hurta
	púrpura y nieve.
Campaspe	Bien puede ser que fineza
	sea; mas no lo parece
	interponer un respeto

	que declarado no deje
	albedrío a la esperanza.
Apeles	Eso será en quien la tiene.
	Pero ¿qué esperanza ya
	es posible que le quede
	a quien Alejandro fía
	su amor, y no solamente
	fía su amor, mas le hace
	instrumento de que llegue
	a su noticia? ¡Mal haya
	habilidad tan aleve
	que, traidoramente noble,
	contra su dueño se vuelve!

(Arroja los pinceles, y ella se levanta.)

Campaspe	¿Qué habilidad?
Apeles	ésta mía.
Campaspe	¿Contra ti? Pues ¿de qué suerte?
Músicos	Si se enoja, y sus labios
	rigores vierten,
	allá van los jazmines
	con los claveles.
Apeles	Siendo áspides para mí
	las puntas de los pinceles
	que, entre flores de matices,
	su mortal veneno vierten.
	¡Mal haya, digo otra vez,
	habilidad que me fuerce

                    a que estudie tus facciones
                    para que en cada uno encuentre
                    otra perfección que diga
                    cuán bella, oh Campaspe, eres
                    ya dos veces a mis ojos,
                    porque te pierda dos veces!

Campaspe   ¿Dos veces?

Apeles   Sí.

Campaspe   ¿De qué modo?

Apeles   Verdadera y aparente.

Campaspe   ¿Aparente y verdadera?
                     ¿De qué suerte?

Apeles   Desta suerte.
                     Mírate, para que veas
                     lo que pierde el que te pierde.

Músicos   Condición y retrato
                    teman de Irene;
                    que ha de dar muerte a todos
                    si la parece.

Campaspe   ¿Qué es lo que miro? ¿Es por dicha
                    lienzo o cristal trasparente
                    el que me pones delante,
                    que mi semblante me ofrece
                    tan vivo que aun en estar
                    mudo también me parece?
                    Pues al mirarle la voz

en el labio se suspende,
tanto que aun el corazón
no sabe cómo la aliente.
¿Soy yo aquélla o soy yo yo?
Torpe la lengua enmudece,
quizá porque el alma, en medio
de las dos dudando teme
dónde vive o dónde anima,
no sabiendo a un tiempo, entre
una y otra imagen mía,
de cuál de las dos es huésped.
¿Esta habilidad tenías?
¿Segundo ser darle puedes
a un cuerpo? Pues ¿cómo, cómo,
si tan divino arte ejerces,
tan bajamente le empleas,
que para otro dueño engendres
la copia de lo que dices
que amas? Vete de aquí, vete;
que en una parte me admiras,
y en otra parte me ofendes.

Apeles   Esto es fuerza.

Campaspe   No es sino
bajeza.

Apeles   Es desdicha fuerte.

Campaspe   No es sino culpa.

Apeles   Es violencia.

Campaspe   Es ruindad.

Apeles	Es dura suerte.
Campaspe	Es infamia.
Apeles	Es tiranía.
Campaspe	Es poco ánimo.
Apeles	Es decente respeto.
Campaspe	Es indigna acción.
Apeles	Es obediencia.
Campaspe	Es aleve vasallaje.
Apeles	Es rendimiento.
Campaspe	Es...
Apeles	Es...
Los dos	Ira, rabia y muerte.
Campaspe	Gente viene a nuestras voces.
Apeles	No entienda nada esta gente.
Campaspe	¿En qué quedamos?
Apeles	En que

                  dueño de mi dueño eres.
                  Para siempre adiós, Campaspe.

Campaspe   Para siempre adiós, Apeles.

                  Fin de la segunda jornada

Jornada tercera

(Salen Alejandro, Efestión y Chichón.)

Chichón Aunque llamado de ti
 vengo, los pies no te pido.

Alejandro ¿Por qué?

Chichón Porque los darás,
 según liberal te miro,
 y estará mal despeado
 un monarca tan invicto.

Alejandro Supla de los pies la falta
 desta sortija el zafiro.

Chichón ¡Oh, mal haya el asonante,
 que ser «diamante» no quiso!

Alejandro Alza del suelo; que quiero,
 pues sé que estás en servicio
 de Apeles, saber de ti
 qué extraño accidente ha sido
 éste que oigo que le ha dado.

Chichón Pues ¿quién bastará a decirlo,
 si nadie basta a saberlo?
 Lo primero, anda aturdido
 tanto que con nadie habla,
 señor, que no sea consigo;
 lo segundo, si se viste,
 es con tan gran desaliño
 que ni es él ni su figura;

	lo tercero, su retiro
son estas montañas, donde
solo se sale a dar gritos;
su llanto es cosa de risa,
su risa cosa de vicio,
su comer cosa de juego,
su llorar cosa de niños,
su dormir cosa de locos,
y nada cosa de juicio.
Alejandro	¿No le hacen remedios?
Chichón	Cuantos
físico el arte previno
a su curación se han hecho;
pues, como un poeta dijo,
le han puesto mil cataplasmas,
cataplastos, cataplistos;
y no basta, aunque le pongan
cata-Francia-Montesinos,
para saber qué mal tiene.
Alejandro	Pésame, porque le estimo
de suerte, que de mi imperio
diera el medio por su alivio;
pues cuando no le tuviera
la inclinación que publico
por primoroso en su arte,
por el retrato que hizo
de Campaspe le quedara
sumamente agradecido.
Ve y dile que venga a verme.
Chichón	Yo iré, si en eso te sirvo;

	pero tú verás en él
	un mal tan fuera de estilo
	que, una vez «hipo-con-dría»
	y otra vez «dría-con-hipo»,
	revienta de que es discreto,
	y apenas es entendido.

Efestión   ¿Verle quieres?

Alejandro   Sí; que, puesto
que a su salud solicito
medios, uno que he pensado
me ha de decir lo escondido
de su pecho.

Efestión   ¿Y qué es el medio?

Alejandro   Acudir a los motivos
de la filosofía; pues
es su principal oficio
de las causas naturales
investigar los principios.
Y así a Diógenes mandé
que me llamasen al mismo
tiempo que también a Apeles
llamo; porque compasivo
en una parte y en otra
curioso, ver determino
cómo uno siente sus penas
y otro hace dellas juicio.

Efestión   ¿Dónde a Diógenes mandaste
que viniese?

Alejandro   A este distrito
que hay de mi tienda a la quinta
de Estatira, porque he oído
que todas estas mañanas
sale a su apacible sitio
con sus damas, donde hacen
músicas y regocijos
suave la prisión, y quiero
ver si ver puedo el divino
Sol de Campaspe, buscando
algún ingenioso arbitrio
para apartarla de esotras;
y si la verdad te digo,
no sé qué diera, porque
hallase el amor camino
de reducirla a mi tienda.

Efestión   Uno mi ingenio previno.

Alejandro   ¿Qué es?

Efestión   Fingir que llegó al campo
de Teágenes un hijo,
pidiendo justicia della
por el pasado homicidio;
y no pudiendo a la parte
tú dejar de dar oídos,
llevártela presa.

Alejandro   Eso
es valernos de un delito.
Pero después lo veremos
mejor, porque ahora miro
a Diógenes y a Apeles

venir donde les han dicho.

(Sale por una puerta Diógenes y por otra Apeles.)

Diógenes (Aparte.) (¿A mí Alejandro? Pues ¿qué tiene Alejandro conmigo?)

Apeles (Aparte.) (¡Quiera Amor, no me declaren de una vez mis desvaríos!)

Diógenes ¿Qué es, señor, lo que me mandas?

Apeles ¿En qué, gran señor, te sirvo?

(A Diógenes.)

Alejandro
(A Apeles.)
Escúchame tú primero;
después hablaré contigo.
Bien, Diógenes, ¿te acuerdas
de aquella apuesta que hicimos
de quién necesitaría
antes, tú de mi dominio
o yo de tu ciencia?

Diógenes Sí.

Alejandro Pues yo me doy por vencido,
confesando que primero
de tu ciencia necesito
que tú de mi poder.

Diógenes Pues,
¿no era uno y otro preciso,
si el rico sin ella es pobre

y el pobre con ella es rico?

Alejandro   Aun por eso quiero ver
lo que en la tuya consigo.
Ese joven, a quien yo
por inclinación estimo,
favoreciéndole el astro
de algún benévolo signo,
padece un grave accidente;
y tal que, siendo entendido,
hábil, galán y discreto,
en pocos días le admiro
alterada la razón,
prevaricado el sentido,
necio, inútil, desairado,
sin discurso y sin aliño.
Nadie de su mal conoce
la causa, ni él ha sabido
decirla a nadie; de suerte
que, dándose por vencidos
de la sabia medicina
los más doctos aforismos,
le dejan morir, sin que
le hagan ningún beneficio.
Yo, viendo la obligación
en que te pone el retiro
que profesas, de saber
los secretos escondidos
de la gran naturaleza,
quiero ver cómo haces juicio
deste accidente; y así
que le asistas determino
unos días, para que,
si averiguas el principio

                de su mal, sepa que sabes;
                y si no, sepa que ha sido
                locura tu ciencia, pues
                para nada es de servicio.

Diógenes   Que es el corazón del hombre
                animal de pliegues dijo
                Aristóteles, mostrando
                que es un color si encogido
                está y, si está dilatado,
                de muchos; con que previno
                que, en queriendo averiguarle,
                no se le da punto fijo;
                pues al irle desdoblando
                todo es colores distintos.
                Siendo así, locura fuera
                decir yo desvanecido
                que entenderé el suyo; pero
                no por eso desconfío
                de saberlo. Háblale tú,
                sin darte por entendido,
                porque no esté con cuidado,
                viendo que con él le asisto.

Alejandro   Pues disimula. ¿Dónde ibas,
                Apeles, cuando te dijo
                aquel soldado que yo
                te llamo?

Apeles   Si verdad digo,
                a decir mis sentimientos
                a estas peñas, a estos riscos,
                árboles, plantas y flores
                que, como fieles testigos,

| | saben lo mejor y ignoran
lo peor. |
|---|---|
| Alejandro | No te he entendido. |
| Apeles | Es que saben escucharlos |

(Suspira.)

                    y es que no saben decirlos.

| Alejandro | Pues ¿y no fuera mejor
comunicarlos rendido
a quien sentirlos supiera? |
|---|---|
| Apeles | No, señor; que fuera alivio;
y yo estoy tan bien hallado
con ellos y ellos conmigo,
que ellos y yo no queremos
partir con nadie el sentirlos. |

(Esto y lo demás deste género dice Diógenes a Alejandro aparte.)

| Diógenes | El primer color de que
muestra el corazón teñido
es melancólico humor. |
|---|---|
| Alejandro | Descansa, Apeles, conmigo.
¿Qué tienes? |
| Apeles | No sé qué tengo. |
| Alejandro | ¿Es faltarte en mi servicio
el cariño de tu patria? |

Apeles   No está en mi patria el cariño.

Alejandro   ¿Necesitas de algo?

(Con algún despecho.)

Apeles   Solo
de mi muerte necesito.

Diógenes   Ya de cólera y de ira
despliega el segundo viso.

Alejandro   Pues ¿de mí no le fiarás,
sabiendo lo que te estimo?

Apeles   ¿A quién pudiera mejor?
(Turbado.)   Pero humilde te suplico,
no conjures mi silencio;
que es mi mal tan exquisito,
tan intratable mi pena,
tan sin uso mi martirio,
que, embargando el corazón
acá dentro los suspiros,
aunque decirlo quisiera,
no puedo.

Diógenes   De algún nocivo
veneno parece que
da aquesta congoja indicio.

(Cobrándose algo.)

Apeles   Fuera de que, si adelanto

	el tormento con que vivo,
	aunque pudiera decirle,
	no le dijera, si miro
	que fuera avivar la llama...
Diógenes	Todo esto parece hechizo.
Apeles	... al incendio de que muero, si viera...
Diógenes	Ya esto es delirio.
Apeles	... que alguno piadoso hacía tan grande crueldad conmigo como quitarme el dolor.
Diógenes	Ya esto es rabia.
Apeles	Pues le admito, como conveniencia, tanto que, a faltarme él, imagino...
Diógenes	Ya esto es desesperación.
Apeles	... que me faltara un amigo tan del alma que, sin él, me diera muerte a mí mismo.
Diógenes	De desordenado amor parece este afecto hijo.
Alejandro	¿No hay remedio?
Apeles	No hay remedio;

              que mi mortal parasismo
              no consta de mí, porque
              consta de ajeno albedrío.

Diógenes   Ya lo confirman los celos.

(A Diógenes.)

Alejandro   ¡Oh, qué de cosas has visto
              en un instante!

Diógenes   ¿Qué quieres,
              si va desplegando a giros
              dobleces el corazón,
              cuyos afectos distingo
              a partes, y del primero
              en el postrero me afirmo.

Alejandro   ¿Cómo quieres que amor sea,
              si ser melancolía has dicho,
              ira, cólera, veneno,
              desesperación, delirio,
              hechizo y rabia?

Diógenes   Pues ¿quién
              sino amor hubiera sido,
              como conveniente, amando
              con no ordenado apetito
              su daño, melancolía,
              ira, cólera, nocivo
              veneno, delirio y rabia,
              desesperación y hechizo?

(Con terneza.)

Apeles   Y así otra vez y otras mil
                 humilde, señor, te pido,
                 no apures mis sentimientos;
                 porque el mal que lloro y gimo
                 no tiene definición.
                 Y pues cuando más me explico
                 es cuando me explico menos,
                 concede a mis desvaríos
                 la licencia de callarlos;
                 que, aunque yo quiera decirlos,
                 no me es posible, porque...

(Dentro Música.)

Voz   Solo el silencio testigo
                 ha de ser de mi tormento.

Apeles   Ya aquesa voz te lo ha dicho,
                 aunque no bien; que si dice
                 que solo ha de ser testigo
                 de su tormento el silencio,
                 hay más que decir que dijo;
                 porque aun el silencio no
                 es capaz del dolor mío;
                 pues cuando el silencio quiera,
                 o cruel o compasivo,
                 lo que no digo decir,
                 no podrá; porque al decirlo...

Voz   Aun no cabe lo que siento
                 en todo lo que no digo.

Diógenes   Vuelvo a afirmarme, señor...

Alejandro ¿En qué?

Diógenes En que lo dicho dicho.
Este hombre está enamorado.

Alejandro No disuenan los indicios;
pero quédese ahora así,
con orden de que advertido
has de averiguarlo más,
mientras yo otro afecto sigo,
si no tan cruel, no menos
poderoso. Ven conmigo,
Efestión; que, si hablar
a Campaspe no consigo,
quizá podrá ser, me valga
de aquel tu pasado arbitrio.

(Vanse Alejandro y Efestión.)

Diógenes (Aparte.) (¡Buena comisión me queda!
Mas ya que Alejandro hizo
capricho el examinarme,
también yo he de hacer capricho
el satisfacerle a él.)
En fin, ¿no es posible, amigo,
que sepamos vuestras penas?

Apeles y
Música Solo el silencio testigo
ha de ser de mi tormento.

Diógenes Pues advertid que ya ha habido
silencio tan bachiller

                        que dijo lo que no dijo.

Apeles   Pues éste no lo dirá.

Diógenes   ¿Por qué?

Apeles   Porque enmudecido...

Apeles y Música   Aun no cabe lo que siento
en todo lo que no digo.

Diógenes   Pues guardaos de mí; que yo
he de saber lo escondido
de vuestro pecho, después
no digáis que no os lo aviso.

Apeles   No haréis tal; que yo sabré,
homicida de mí mismo,
darme la muerte, primero
que nadie sepa que ha sido
con las honras de Alejandro
mi amor tan vil asesino
que da la muerte pagado,
hecho usura el homicidio.
¡Oh, nunca me honrara tanto
que es fuerza que, agradecido
de alimentos mi dolor,
viva de sus beneficios!
¿Cómo puedo ser yo ingrato,
arrojándome atrevido
a competirle su amor,
si cuando (¡ay de mí!) me animo
solo a amar, me sale al paso,
demás del respeto digno

                    a la majestad, demás
                    de la confianza que hizo
                    de mí, fiándome su amor,
                    su deseo tan benigno
                    que, intentando mi salud
                    por tan extraños caminos,
                    un cariño me baraja
                    la suerte de otro cariño?
                        ¿Y tanto que, aunque Campaspe,
                    que al alba esperaba, dijo,
                    ni a ella ni al alba vi, haciendo
                    de su favor desperdicio?
                    Pues ¿qué remedio?

(Dentro.)

Campaspe   Morir
                    será mi menor peligro.

Apeles   Infausto oráculo, ¿quién
                    es con quien hablas?

(Dentro.)

Alejandro   Contigo
                    moriré yo.

Apeles   ¿Otro temor?

Campaspe   No he de oír.

Alejandro   Bello prodigio,
                    espera.

(Sale Campaspe huyendo, Alejandro tras ella; y en viendo a Apeles, se detiene.)

Campaspe   Ya he dicho que antes
moriré.

Alejandro   También he dicho
yo que contigo mi muerte
me ha de hallar.

Apeles (Aparte.)   (¡Qué veo!)

Campaspe (Aparte.)   (¡Qué miro!)

Apeles   (Campaspe son y Alejandro
mis fatales vaticinios.)

Campaspe   (Apeles es quien su vista
rémora a mi planta ha sido.)

Alejandro   ¿Por qué, divina Campaspe,
cuando apartada te he visto
desa dulce alegre tropa,
que con aplausos festivos
al alba saluda, y, hecho
humano girasol, sigo
los siempre lucientes rayos
de tus dos soles divinos,
de mí huyes?

Campaspe   Porque sé
que no es tu afecto tan digno
como debiera.

Alejandro	Pues ¿quién le ha malquistado contigo?
Campaspe	Apeles, que no aquí en balde trajo el cielo por testigo. (Así he de hablar con entrambos.)
Apeles	(Ofendida de mi olvido, sin duda de mí se venga.)
Alejandro	¿Apeles? ¿Qué es lo que he oído?
Apeles	¿Yo, Campaspe?
Campaspe	Tú; pues tú, haciendo el retrato mío, me dijiste que me amaba y que no era el sacrificio a Júpiter, sino a Amor; con que mi honor, advertido de su peligro, es forzoso que huya de su peligro; de suerte que tú eres causa de que él sienta mis desvíos; pues si no fuera por ti, quizá dél no hubiera huido, porque yo no lo supiera si tú no lo hubieras dicho.
Apeles	(Pues con dos sentidos habla, responderé en dos sentidos.) Si yo te ofendo, Campaspe, es porque otro dueño sirvo, que su amor y tu hermosura

(A Alejandro.)	mandó pintar a dos visos; 　　y pues para ella es ofensa lo que para ti es servicio, agradéceme este enojo.
Alejandro	No te disculpes conmigo, pues las señas de culpado resultan en las de fino; y ya que mi amor te debe en este primer aviso vencer las dificultades de dar a un amor principio, débate ahora, pidiendo licencia a tus desvaríos, que intercadentes parece que dan treguas al sentido, avisar si viene gente, mientras a Campaspe digo lo menos de lo que siento.
Apeles	(¿Esto más, cielos impíos?)
Campaspe	(¿Esto más, hados crueles?)
Apeles	(¡Qué violencia!)
Campaspe	(¡Qué conflicto!)

(Retírase Apeles al paño, oyendo lo que los dos hablan.)

| Alejandro | 　　　Desde el instante, divina
Campaspe, que de tu brío
y de tu llanto fue objeto
la piedad del pecho mío, |

                    tan postrado a tu altivez,
                    a tu queja tan rendido
                    quedó mi afecto...

(Sale Apeles.)

Apeles   Señor,
                    Siroés viene hacia este sitio.

Alejandro   Saldréla al paso, porque
                    no llegue a verme contigo.
(A Apeles.)   No la dejes ir tú, en tanto
                    que yo vuelvo.

(Vase.)

Apeles   ¿Quién ha visto
                    tal género de tormento,
                    tal linaje de martirio?

(Hablan bajo, apriesa y a hurto, como recelándose de Alejandro.)

Campaspe   Quien cobarde complaciendo
                    al lisonjero artificio,
                    no quiso a su dama tanto
                    como a su privanza quiso.

Apeles   Si yo tuviera elección
                    entre aquesos dos cariños,
                    el elegido me diera
                    contra el desdeñado alivio;
                    pero si me he de morir
                    a manos del elegido,
                    ¿qué me culpa el desdeñado?

Campaspe
El temor con que, remiso,
no sabiendo entre dos muertes
elegir la de más brío,
se deja morir de humilde,
pudiendo morir de altivo.

Apeles
Es lealtad.

Campaspe
Es cobardía.

Apeles
Eso es volver al principio.

Campaspe
No es sino llegar al fin.

Apeles
No es, si...

Campaspe
Sí es, si..

(Sale Alejandro.)

Alejandro
A nadie miro
en todo el monte.

Apeles
Debió
de echar por otro camino.

Alejandro
Vuelve a avisar si viniere.

(Vuélvese Apeles al paño.)

Y tú, hermoso dueño mío,
acuérdate que me diste
la vida.

Campaspe	¿Y ése es motivo para obligarme a quererte?
Alejandro	Claro está; porque quien hizo un beneficio quedó obligado al beneficio. Dar una cosa y quitarla, una vez dada, es estilo muy villano. ¿Por qué piensas que vive cuanto ves vivo? Porque los dioses, que fueron quien les dio la vida, han sido los que a su conservación se obligaron.

(Sale Apeles.)

Apeles	Señor...
Alejandro	Dilo.
Apeles	Estatira hacia allí viene.
Alejandro	Irla al paso determino. Y pues yo a lo mismo vuelvo, vuelve también tú a lo mismo.

(Vase.)

Campaspe	¿Quién en igual confusión de dos amantes se ha visto?
Apeles	Si de haberle dado vida

> te hace cargo tan preciso,
> ¡cuánto más que haberla dado
> es haberla recibido!
> Si él te la debe a ti, tú
> me la debes a mí; indicio
> más noble; que el de obligado
> fue siempre el de agradecido.

Campaspe   Es verdad, mas ¿cómo puedo
serlo yo, si desperdicio
se hace el agradecimiento?

Apeles   Sabe el cielo si le estimo.

Campaspe   ¿En qué he de verlo yo?

Apeles   En sola
una cosa que te pido.

Campaspe   ¿Qué es?

Apeles   Que, porque más no pierda
que lo que pierdo en oírlo...

Campaspe   Di.

Apeles   Ningún favor me hagas;
que yo me doy a partido
de que nada en mí sea amor,
porque todo en ti sea olvido.
Tan a nadie quieras, que
ni a mí me quieras.

(Sale Alejandro.)

Alejandro No he visto
por aquí a nadie.

Apeles Debió
de echar por otro camino.

Alejandro No es sino que yo estoy loco,
pues de otro loco me fío.
Retírate de aquí, y no
me vuelvas con otro aviso.

Apeles (¿Quién creerá que el desdeñado
ausente al favorecido?)

(Vase.)

Alejandro Volviendo a cobrar, Campaspe,
de aquel mi discurso el hilo,
que no es baja frase, puesto
que es frase de laberinto...

Estatira Mudad de tono y de letra.

(Dentro a una parte.)

Siroés Mudad de letra y sentido.

(Dentro a otra parte. Sale Apeles.)

Apeles Estatira y Siroés
por aquí vienen.

Alejandro ¿No he dicho

| | que mis delirios me bastan
| | sin creer a tus delirios,
| | y que aquí no vuelvas?

Apeles   Yo
pienso que en eso te sirvo.

Alejandro   Loco está, no hagas dél caso.
Y así, segunda vez digo
que por más que ingrata acudas
a tus desdenes esquivos,
siendo escollo a los embates
de lágrimas y suspiros,
he de esperar tus favores
sin que me dé por vencido,
a que no ha de haber mudanza
pues que por algo se dijo...

(Lejos.)

Coro   Escollo armado de hiedra,
yo te conocí edificio.

Campaspe   No está tan loco, señor,
como a ti te ha parecido
Apeles, pues es verdad
que hacia aquí Estatira vino.
Y pues te debo el reparo
de que no te vean conmigo,
débate la ejecución.
Vete, llevando sabido
que, aunque a siglos tu deseo
mida el tiempo amante y fino,
en mí no ha de haber mudanza;

que no ha de ser mi albedrío...

(Lejos.)

Coro   Ejemplo de lo que acaba
la carrera de los siglos.

Apeles   Mira si hacia esotra parte
Siroés viene.

Alejandro   Irme es preciso,
por no despertar sospechas.
(¡Viven los cielos divinos,
que, aunque delito parezca
valerme de otro delito,
que, pues no me vale el ruego,
ha de valerme el arbitrio!)

(Vase.)

Campaspe   Y los dos ¿en qué quedamos?

Apeles   En que leal determino
que, siendo tú lo que pierdo,
piensen todos que es el juicio.

Campaspe   Aunque de tu amor me ofendo,
quizá de tu honor me obligo,
viendo que, de puro noble,
sin razón y sin aviso...

(Más cerca.)

Coro   De lo que fuiste primero

estás tan desconocido.

Apeles   ¿Qué mucho todos por loco
me tengan, si yo lo afirmo
siempre que a mi pensamiento?
«No me estés cuerdo le digo,
trayéndome a la memoria
el favor, sino el olvido,
para que dél muera, pues
solo el instante eres mío...»

(Más cerca.)

Coro   Que de ti mismo olvivdado,
no te acuerdas de ti mismo.

Campaspe   Muchos se acercan; tampoco
a ti te vean.

Apeles   No miro
por donde escapar; que tienen
tomados ambos caminos.

Campaspe   Entre estas ramas te esconde
mientras pasan.

Apeles   Imagino
que tú me descubras.

Campaspe   ¿Cómo?

Apeles   Como, alumbrando este sitio...

Coros I y II   Ya fuiste lisonja al Sol

                    y de sus rayos registro.

Campaspe   Escóndete, que no haré;
que arden muy lentos, muy tibios
rayos que no abrasan.

Apeles   Sí hacen,
sino que están a impedirlos
muchas nubes.

Campaspe   Mira que
llegan ya.

Apeles   Desde este sitio
seré, mirando tus ojos,
en sus hojas escondido,
    si cortesano del bosque,
    de las estrellas vecino.

(Escóndese. Salen Estatira, Siroés, Clori, Nise y Músicos.)

Estatira   Campaspe, ¿qué soledad
es ésta?

Siroés   ¿Tanto retiro
de nosotras?

Campaspe   Un discurso
ocupado y pensativo
en sus penas solo halla
en la soledad asilo.

Estatira   Pues ¿qué tienes?

Campaspe   ¿La memoria
de mi casa no es preciso
que me deba algún cuidado?
Y así a las dos os suplico
me deis licencia de que
a ella vuelva, pues ya miro
aquel pasado suceso
tan entregado al olvido
que nadie se acuerda dél.

Estatira   Como el irte haya nacido
de tu conveniencia, y no
del poco agasajo mío,
tuya es la elección.

Campaspe   El cielo
sabe que en el alma imprimo
vuestros favores, ansiosa
de que no pueda serviros;
pero sabré agradecerlos,
siempre que a vuestro servicio
mi vida importe.

Siroés   Los brazos
nos da, y adiós.

(Al paño.)

Apeles   (Hado impío,
¿qué ausencia será ésta? ¡Quién
alcanzara sus designios!)

Campaspe   (Esto es hurtarme a Alejandro;
no ha de saber dónde asisto.)

(Al entrarse, salen unos Soldados con armas.)

Soldado 1   Hermosa Campaspe, espera.

Campaspe   ¿Qué queréis?

Soldado 1   Fuerza es decirlo,
bien que a mi pesar.

Estatira   Soldados,
¿qué armas, qué gente, qué ruido
es aquéste?

Soldado 1   Perdonadme,
señora; que a haberos visto
aquí, no llegara; pero
ya que llegué, me es preciso
decir el orden que traigo.
De Teágenes un hijo
a pedir justicia viene
de Campaspe; y como ha sido
justo a la segunda parte
guardar el segundo oído,
aunque de Alejandro ya
tiene el perdón conseguido,
para que dé sus descargos
es fuerza parezca en juicio.
Presa me mandan llevarla.

Apeles   (¡Qué oigo!)

Campaspe   ¡Qué escucho!

Estatira
　　　　　　　　　¿Advertidos?
¿No fuera bien que esperarais
que no estuviera conmigo,
para intimarla esa orden?

Soldado I
　　　　　Sí, señora, mas ya he dicho
que no os vi.

Estatira
　　　　　　Pues ya me veis,
y si no tratáis de iros...

Campaspe
　　　No, señora, hagáis empeño
por mí; que de mi delito
la razón me pondrá en salvo.
(La hora de irme no miro,
por no empeñarle otra vez.)
Y así a cuantos me oyen pido,
desde la cumbre del monte
hasta la falda del risco,
nadie en mi defensa salga;
que, aunque voy presa, yo fío
que voy en mi libertad,
pues voy yo misma conmigo.

(Vanse Campaspe y Soldados. Sale Apeles.)

Apeles
　　　Espera;
que no sabes el peligro,
Campaspe, a que vas.

Siroés
　　　　　　　¿Qué es esto?

Apeles
　　　Correr a mi precipio,
viendo a Campaspe en poder

                              de Alejandro y sus ministros.

Clori (Aparte.)   (Descubrióse la maraña.)

Nise (Aparte.)   (Dio la tramoya consigo
                         en tierra.)

Estatira   Pues ¿cómo vos
                         osáis estar escondido
                         en esta parte?

Apeles   No sé;
                         mas sabrélo, si la libro
                         del riesgo a que va.

Estatira   Teneos;
                         que lo que yo no consigo
                         por mí, queriendo ella ir presa,
                         por vos no he de conseguirlo.

Apeles   No os importa tanto a vos
                         como a mí.

Estatira   Aunque me hayan dicho
                         su despecho en no empeñaros,
                         vuestro arrojo en descubriros;
                         que, aunque al vivo la pintáis,
                         pintáis su amor más al vivo.

(Sale Diógenes y, viendo gente, se detiene.)

Diógenes   (Vuelvo a buscar aquel joven
                         para ver si algo averiguo.)

Estatira	Tengo de saber qué es esto.
Apeles	Ya de vista se ha perdido.
Diógenes	(Con unas damas está. ¡Quién hallara un indicio!)
Estatira	No habéis de seguirla.
Apeles	¡Cielos, en vano al dolor resisto!
Estatira	¿Qué es esto? digo otra vez.
Apeles	Yo otra vez y otras mil digo que es que voy a ver, y ciego, que es que voy a hablar, y gimo.
Estatira	¿Ahora enmudeces? ¿Ahora calláis? ¿Ahora suspendido las articuladas voces trocáis en mudos gemidos? ¿Qué pasmo fue, qué letargo el que yerto, helado y frío os ha dejado?
Apeles	¡Ay de mí! ¿Qué es esto que mis sentidos ha turbado de manera que ni oigo, ni hablo ni miro? ¿Qué espero? Piérdase todo, pues que todo se ha perdido. ¡Fuego, fuego, que me abraso, que me ahogo, que me aflijo!

(Arroja los vestidos.)

Todos   ¿Qué hacéis?

Apeles
                     Arrojar la ropa,
           viendo arder en tan activo
           incendio de mi cadáver
           todo el humano edificio.
           ¡Piedad, cielos divinos!
           Mas ¡ay!, que más que apague el llanto mío,
           el aire encenderá de mis suspiros.

Siroés   Él está loco; huye dél.

(Vase.)

Clori y Nise   Todas haremos lo mismo.

(Vanse.)

Estatira   Llegó a su extremo el furor.

(Vase.)

Diógenes
           Atiende, discurso mío,
           quizá dirá su locura
           lo que su razón no dijo.

Apeles
           ¡Piedad, cielos divinos!
           Mas ¡ay!, que más que apague el llanto mío,
           el aire encenderá de mis suspiros.

(Sale Chichón.)

Chichón	Si no me engañan los ecos,
	hacia aquí la voz he oído.
	Señor, ¿es hora de hallarte?
	¿Cómo desnudo te miro?
	¿Has jugado a la pelota?
	¿Vienes de nadar del río,
	o vas a esgrimir?
Apeles	No es,
	no es, sino que en el navío
	que en el mar de amor sulcaba
	rizados campos de vidrio,
	tormenta corrí de celos,
	y en sus ruinas encendido,
	Etna soy, rayos aborto,
	volcán soy, llamas respiro.
	¡Piedad, divinos cielos!
	Mas iay!, que más que apague el llanto mío,
	el aire encenderá de mis suspiros.
Chichón	¿Qué navío ni qué haca?
	¿Qué mar ni qué desatino?
	¿Qué tormenta ni qué alforja?
	Vuelve a cobrar tus vestidos,
	espada, capa y sombrero;
(Recoge los vestidos.)	Pero no cobres el juicio,
	que diz que está bien hallado
	quien le tiene bien perdido.
Apeles	Pues nadie mejor que yo,
	y porque lo creas, ¿has visto
	a Campaspe?

Chichón	Sí, señor.
Apeles	¿Dónde estaba?
Chichón	En mi vestido; que como para picaños el peinador no se hizo, al peinarme esta mañana todo de caspa teñido le vi, a modo de nevado, pero no a modo de limpio.
Apeles	Calla, calla; que no entiendes mi dolor. Lo que te digo es que si has visto a Campaspe en poder de un dueño impío que, no valiéndole el ruego, el engaño le ha valido?
Chichón (Aparte.)	(Seguirle quiero el humor.) ¿No quieres que la haya visto, si ella y ese ingrato dueño, haciéndose mil cariños, él iba a caza de mirlas y ella a caza de chorlitos?
Apeles	Mientes, mientes; porque presa la tienen.
Chichón	Pues ¿no es lo mismo estar presa que ir a caza?
Apeles	¡Viven los cielos divinos, que te ha de costar la vida,

	villano, el no haberla visto!
Chichón	No costará, porque yo huir sé desde tamañito.

(Al ir huyendo de Apeles, y él siguiéndole, da con Diógenes.)

	Mas ¿quién está aquí?
Diógenes	Yo soy.
Apeles	Pues ¿qué hacéis aquí escondido vos, viejo honrado?

(Cógele del brazo.)

Chichón	Eso sí; ríñele muy bien reñido; que es mucha filosofía acechar, sin ser vecino. (Quiero entretanto llamar gente para reducirlo a casa.)

(Vase.)

Diógenes	¿Yo, señor, cuándo...?
Apeles	No, no tenéis que eximiros.
Diógenes	(¿Quién me metió en venir, cielos, de la quietud en que vivo a dar en manos de un loco?)

Apeles		¿Pensáis que no os he entendido?
		¿Que queríades saber
		que el Sol que idólatra sigo
		es Campaspe? ¿Y que es Campaspe
		a quien Alejandro quiso,
		a cuya causa, por no
		ofender al dueño mío,
		entre un amor y un respeto,
		falso amante, criado fino,
		me dejé morir, trocando
		sus favores a desvíos,
		sus agrados a desdenes,
		y sus memorias a olvidos?
		Pues no, no habéis de saberlo,
		porque yo no he de decirlo.
		¡Piedad, cielos divinos!
		Mas ¡ay!, que más que apague el llanto mío,
		el aire encenderá de mis suspiros.

Diógenes		Bien esperé que el furor
		dijera lo que no dijo
		el dolor. Y pues acaso
		a las manos se me vino
		el desengaño de todo,
		diré yo que lo he sabido
		por mis ciencias a Alejandro;
		pues contra achaques del siglo
		hasta la ciencia es forzoso
		valerse del artificio.

(Salen Alejandro y Efestión.)

Efestión		Estas dos nuevas, señor,
		a un mismo tiempo han venido.

Alejandro	Ambas de pesar han sido, y no sé cuál es mayor. ¿Rojana murió?
Efestión	El furor del mar, como la presuma Venus de Chipre, con suma violencia, quiso en su esfera que una de la espuma muera, si otra nace de la espuma. A esto se llega enviar Darío cuanto pediste, porque imposible creíste que lo pudiese juntar en rescate singular de sus hijas; con que ha sido fuerza, habiendo prometido que libres no se han de ver, o tu palabra romper o faltar a lo ofrecido al gran Júpiter.
Alejandro	Y di, entre uno y otro pesar, ¿sabes si han ido a buscar a Campaspe?
Efestión	¿Tanto en ti puede una pasión que así todo lo olvidas por ella?
Alejandro	¿Qué te admiras, si mi estrella tan poderosa es que no

      pierdo nada, como yo
      no pierda a Campaspe bella?
        En llegando a amar, no hay fama,
      no hay aplauso, no hay blasón,
      honor, vida, alma ni acción
      que no sea de la dama
      que por entonces se ama;
      y así, aunque frustrados veo
      un fin y otro, en este empleo
      de ambos el despique fundo.

Efestión   ¿Quién creerá que cabe un mundo
      donde no cabe un deseo?

(Salen al paño Campaspe y Soldados.)

Soldado I   Aquí has de esperar; que aquí
      la audiencia ha de ser.

(Vanse los Soldados.)

Campaspe   Sí haré,
      pues de mi justicia sé
      que ella volverá por mí.

Alejandro   Pero ¿no es aquélla?

Efestión   Sí.

Alejandro   Pues por si, al llegarse a ver
      engañada en mi poder,
      acudiere su pasión
      a las lágrimas, que son
      las armas de la mujer,

	harás, porque no se entienda
	el menor eco del llanto,
	que de la música el canto
	suene al umbral de la tienda,
	cuyas cláusulas pretenda
	la armonía acompañar
	del estruendo militar,
	pues sin dar sospecha, han sido
	salvas que ya han divertido
	otras veces mi pesar.
(Vase Efestión.)	¡Divina Campaspe bella!

Campaspe   Dame, gran señor, tus pies.

Alejandro   ¿Tú aquí? Pues ¿qué es esto?

Campaspe   Es
sobre el rigor de mi estrella,
la fuerza de una querella
que, aunque ya tu perdón vi,
presa me trae.

Alejandro   ¿Presa?

Campaspe   Sí.

Alejandro   Engáñaste, que es error.

Campaspe   ¿Cómo?

Alejandro   Como, siendo amor
quien se querella de ti,
 no hay que temer la crueldad
de la prisión suya; pues

>   de quien él querella, es
>   de quien está en libertad,
>   no de quien su voluntad
>   presa tiene; y siendo así,
>   que tú eres la libre aquí
>   y yo el preso, tu temor
>   en mí está, no en ti.

Campaspe   Es error;
>   pues si un temor (¡ay de mí!)
>   pierdo, otro cobra mi fama,
>   al ver traición la prisión.

Alejandro   Lo que en paz fuera traición
>   ardid de guerra se llama.

Campaspe   Traición es cuanto disfama
>   las sacras leyes de amor.

(Canta la Música a un lado, suenan las cajas y trompetas a otro lado, y los dos representan, todo a un tiempo.)

Música   En repúblicas de amor
>   es la política tal,
>   que el traidor es el leal
>   y el leal es el traidor.

Alejandro   Bien por mí te ha respondido
>   voz que publica constante
>   que no ha sido leal amante
>   el que a vencer un olvido
>   traidor amante no ha sido.

Campaspe   Antes respondió tan mal

    que me ha dejado mortal
    oír que en odio del honor...

(La caja.)

Música   En repúblicas de amor
    es la política tal...

Alejandro   Ya son tus quejas en vano.

(Quiere asirle la mano.)

Campaspe   Deten la mano; porque,
    si antes mi delito fue
    el dar la muerte a un tirano
    en defensa de mi mano,
    ahora lo será, señor,
    no dársela.

Alejandro   Tu rigor
    baste, pues en lance igual...

(La caja.)

Música   El traidor es el leal
    y el leal es el traidor.

(Como luchando los dos.)

Campaspe   ¡Advierte!

Alejandro   ¿Qué he de advertir?

Campaspe   ¡Mira!

Alejandro	¿Qué puedo mirar?
Campaspe	Que ayer me libró el matar, y hoy me librará el morir.

(Quiere sacarle la espada, y él lo impide.)

Alejandro	No hará.
Campaspe	¡Válgame el pedir a cielo y tierra favor!
Alejandro	Su voz confunda el rumor.

(La Música y las cajas y la representación todo a un tiempo.)

Música	En repúblicas de amor es la política tal, que el traidor es el leal y el leal es el traidor.
Campaspe	Ni eso te valdrá tampoco.

(Dentro.)

Apeles	¡Mentís todos!
Todos	¡Guarda el loco!
Unos	¡Teneos!
Diógenes	He de entrar.

(Sale Efestión.)

Efestión   ¡Señor!

Alejandro   ¿Qué es eso, Efestión? ¿Qué voces
a una y otra parte varias,
demás de las que he mandado
de instrumentos y de cajas,
son las que se oyen?

Efestión   Apeles,
a quien furioso llevaban
a su albergue unos soldados,
escuchando lo que cantan,
diciendo, embistió con todos,
que es mentira, que no haya
lealtad en amor, a tiempo
que Diógenes la entrada
de su tienda solicita,
sin que le impida la guarda.

Alejandro   Retírate tú a esta puerta,
(A Campaspe.)   hasta que sepa qué causa
a los dos mueve.

(Retírase Campaspe al paño.)

Campaspe   (¡Fortuna,
quién ¡ay infelice! hallara
por donde escapar! En vano
lo intento, porque cerrada
está por aquí la tienda.
Fuerza es esperar.)

(Sale Diógenes.)

Diógenes   Las plantas
me da, señor, en albricias
de que ya mi ciencia alcanza
el accidente de Apeles.

Alejandro   Si en otra ocasión llegaras,
fueras más bien recibido.
Mas ya que llegaste, habla,
di, ¿qué accidente es?

Diógenes   Amor.

Alejandro   Si no dices más, no basta
para que te crea, pues esa
fue la primera palabra
que dijiste, y no por eso
fue cierto; y como no añadas
más, lo mismo será ahora.

Diógenes   ¿Bastará decir la dama
y el competidor?

Alejandro   Sí.

Diógenes   Pues
si eso es todo lo que falta
al crédito de mis ciencias
y a sus conjeturas sabias,
aunque yo no la conozco,
perdone esta vez su fama.
La dama es Campaspe, y tú
el que de celos le mata;

	de suerte que amor y celos
son de sus penas la causa.
Alejandro	¿Qué dices? ¡Ay infelice!
Campaspe	(¡Cielos, la suerte está echada!)
Diógenes	Que es Campaspe a quien adora.
Alejandro	No prosigas, calla, calla;
que en ti, porque me lo dices,
más que en él, porque me agravia,
pues ya es cómplice al dolor
quien el dolor adelanta,
tengo de vengar mis celos.

(Empuña la daga, y detiénele Efestión.)

Efestión	Advierte, señor.
Diógenes	¡Bien pagas
su fineza y mi fineza!
Alejandro	¿Qué fineza, si tirana
tu voz, su intención traidora,
me han dado la muerte ambas?
Campaspe	¡Ay de quien sobre sí, cielos,
todo este escándalo aguarda!
Diógenes	La suya, pues, es tan grande,
tan noble, tan leal, tan rara,
que, a despecho del favor
que quizá en Campaspe halla,

se deja morir, por no
ofender la confianza,
respeto y decoro que
tan a su costa te guarda.
La mía, pues que te pongo
en ocasión de que hagas
una acción tan generosa
como agradecer las ansias
del que, en abono de todos
los que encarecen que aman,
diciendo que amantes pierden
por su dama el juicio, anda
tan fiel contigo y con ella
que, en las desdichas que pasa,
pierde por la dama el juicio
y por ti el juicio y la dama.

Alejandro
    No con razones me arguyas
sofísticamente falsas;
que no hay en celos razón
mayor que el que no la haya.
Y así en ti ahora, y después
en él, si es que ella le ama,
que yo lo sabré, mis celos
vengaré.

Campaspe
    ¡Qué oigo!

Efestión
    Repara.

Diógenes
    Buena ocasión se ofrecía
de volver a la pasada
cuestión de cuál de los dos
es más invicto monarca.

Alejandro ¿Cómo?

Diógenes Como si antes de ahora
no creía a quien contaba
que, esclavo de tus pasiones,
la destemplanza te agrava,
la lascivia te posee,
y la ira te arrebata,
ahora lo creo, al mirar
lo que una afición te arrastra;
y siendo así que esa ira,
ambición y destemplanza,
lascivia y envidia yo
esclavas traigo a mis plantas,
¿cuál será más poderoso:
yo, que mando a quien te manda,
o tú, que sirves a quien
me sirve a mí? Con tan clara
consecuencia logra ahora
mi muerte; pero al lograrla
mira quién eres, pues eres
esclavo de mis esclavas.

(Híncase de rodillas.)

Efestión A tanta osadía no tengo
de impedirte ya.

Campaspe (Aparte.) (Él le mata.)

Alejandro (Aparte.) (¿Mira quién eres, pues eres
esclavo de mis esclavas?
¿Tanto una ciega pasión

                            desluce el decoro, ultraja
                            el respeto, que ocasiona
                            a que pueda cara a cara
                            atrevérsele la voz
                            de un mísero, en confianza
                            de que, diciendo verdad,
                            la muerte no le acobarda?
                            Pues no ha de ser, no ha de ser;
                            que no ha de decir la fama
                            que dijeron a Alejandro
                            de Diógenes las canas:
                            «Mira quién eres, pues eres
                            esclavo de mis esclavas»,
                            sin que tratase enmendar
                            de sus defectos la causa.)
                            Alza, Diógenes, del suelo.

Campaspe   (¿Cómo tan afable le habla?)

Alejandro   Y dime otra vez, ¿por mí
                            Apeles muere con tanta
                            fineza que, leal y noble,
                            aunque Campaspe le ama,
                            a Campaspe olvida?

Campaspe   (Él
                            mi amor averiguar trata.)

(Dentro.)

Voces   ¡Guarda el loco! ¡Guarda el loco!

Diógenes   Esas voces lo declaran
                            mejor que yo.

Alejandro   Dejad que entre.

(Salen Apeles desnudo, Chichón con los vestidos, y otros deteniéndole.)

Apeles   Par diez, aunque lo estorbara
                    todo el mundo, entrara yo,
                    sin que tú me lo mandaras;
                    porque al que pide justicia
                    no ha de haber puerta cerrada.

Chichón   Y más cuando una locura
                    le sabe falsear las guardas.

Alejandro   Pues ¿de quién justicia pides?

Apeles   Desos que infieles te cantan
                    que en repúblicas de amor
                    la política es tan mala
                    que el traidor es el leal;
                    porque yo sé que te engañan,
                    y que hay lealtad en amor
                    tan grande... Pero eso basta;
                    que no quiero que la sepas,
                    porque parece que falta
                    a la fineza el que hace
                    la fineza con jactancia.

Alejandro   Repórtate; y pues está
                    tu queja tan bien fundada,
                    yo te guardaré justicia.
                    (¡Ea, valor! La más alta
                    victoria es vencerse a sí;
                    no diga de ti mañana

                la historia, que toda es plumas,
                el tiempo, que todo es alas,
                que tuvo en su amor Apeles
                más generosa constancia
                que yo. Si él por mí se deja
                morir con lealtad tan rara,
                ¿por qué, pudiendo él hacerla,
                no he de poder yo pagarla?)
                ¡Campaspe!

Campaspe   (Sin duda en él
                y en mí se venga.) ¿Qué mandas?

Alejandro   Que seas heroico asunto
                que, en láminas de oro y plata,
                de mis liberalidades
                corone las esperanzas.
                Alábense otros que dieron,
                ya a las letras, ya a las armas,
                coronas, reinos, provincias,
                ciudades, templos y estatuas;
                que no ha de alabarse alguno
                que sacrificó a las aras
                de la lealtad mayor triunfo,
                ni dio más, pues dio su dama,
                el día que en su poder,
                o gustosa o no, la halla.
                Dale, pues, la mano a Apeles,
                porque, esposa suya, vayas
                donde no te vean mis ojos.

(A Diógenes.)   Tú, Diógenes, repara
                en la dádiva mayor,
                si soy esclavo de esclavas
                o si soy dueño de mí.

(A Apeles.)	Y tú mira la distancia
	que hay de tu amor a mi amor,
	pues tú me la das pintada
	y yo te la vuelvo viva,
	pues di la mitad del alma.

Campaspe	(Esto es querer apurar
	si es verdad que enamorada
	estoy de Apeles. Yo haré
	que mal la experiencia salga.)

Apeles	(¡Qué escucho! ¿Campaspe es mía?
	¿Quién, cielos, con tan extraña
	novedad en mis sentidos
	me restituye a la clara
	luz del día? ¿Cómo estoy
	aquí así?) Dame la capa,
	dama la espada, Chichón;
(A Alejandro.)	Y tú, gran señor, las plantas;
	que no en vano te apellida
	dios la voz de tantas varias
	naciones, pues dar un cielo
	no es don de humano monarca;
(A Campaspe.)	Y tú, Campaspe, la hermosa
	blanca mano me da.

Campaspe	Aguarda.

Alejandro	¿No se la das?

Campaspe	No.

Alejandro	¿Por qué?

Campaspe   Porque no quiero que haga
ferias de mi libertad
tu vanagloria. (¡Mal haya
temor que, de puro fino,
quiere que parezca ingrata!)
Dejo aparte que yo a Apeles
no amo; mas cuando le amara,
no dejara de sentir
el desaire con que tratas
a lo que dices que quieres;
que somos todas tan vanas
que aun de lo que aborrecemos
nos hace el cariño falta.
¿De cuándo acá fue el amor
prenda para enajenada?
¿De cuándo acá el albedrío
de un dueño a otro dueño pasa?
¿Es inquilino el afecto
para andar mudando casas,
vecino ayer de una gloria
y huésped hoy de una infamia?
¿Es joya la inclinación?
¿Es la voluntad alhaja?
¿Es el deseo presea,
ni menaje la esperanza
para hacer dádiva dellas,
tan bajamente contraria,
que da con un baldón, yendo
a buscar una alabanza?
Liberalidad bien puede
ser que sea el dar la dama;
pero liberalidad
tan neciamente villana,
que piensa que lo da todo,

                    siendo así, que es cosa clara,
                    que no da nada; porqué
                    el día que no da el alma
                    ¿qué da en lo demás? Con que,
                    si presumes que le pagas
                    de lo vivo a lo pintado
                    el logro a Apeles, te engañas;
                    pues si él dio un retrato, no
                    le vuelves más que una estatua;
                    porque el que sin albedrío
                    con una mujer abraza
                    logra, pero no merece,
                    consigue, pero no alcanza;
                    de suerte que, no pudiendo,
                    cuando la fuerza te valga,
                    darle ni el alma ni el gusto,
                    darle sin gusto y sin alma
                    todo lo que puedes es
                    darlo todo y no dar nada.

Apeles   (¡Qué escucho, cielos! ¿Campaspe
                    así mis finezas trata?)

Chichón   Paréceme que bien puedes
                    volverme capa y espada,
                    y volverte a jugador
                    de pelota; pues es clara
                    cosa que de borra y viento
                    ya está el pelotero en casa,
                    siendo de borra tu amor
                    y de viento tu esperanza.

Alejandro   Por más que deslucir quieras
                    mi acción, noblemente vana,

                        no has de poder; que una cosa
                        es hacerla, otra lograrla.
                        Y así, para haberla yo hecho,
                        ¿qué importa que tú...?

(Dentro.)

Soldados   ¡Plaza!

Alejandro   ¿Qué es aquello?

Efestión   Que a tu tienda
                        llegan con todas sus damas
                        Estatira y Siroés.

(Vase.)

Alejandro   Ya como libres se tratan,
                        en fe del rescate; fuerza
                        es que a recibirlas salga.
                        Después diré lo que iba
                        a decir.
(A Diógenes.)   Tú no te vayas,
                        hasta ver el fin.

(Vase.)

Diógenes   No haré,
                        aunque de mi pobre estancia
                        la ausencia siento.

(Vase.)

Chichón   ¿Qué mucho,

si quedó allá la tinaja?
Que, aunque no es de vino hoy,
haberlo sido ayer basta
para que haga compañía.
Mas ¡miren aquí qué caras!
Bien se ve que están reñidos,
pues que se han quitado el habla.
Veamos por cuál de los dos
quiebra.

Apeles   ¿Para qué, tirana...?

Chichón   Luego vi que era él lo más
delgado.

Apeles   ¿Para qué, ingrata,
traidoramente apacible,
cariñosamente falsa,
alentaste tantas veces,
ya amorosa y ya enojada,
mis esperanzas, si habías,
el día que de pagarlas
tuvieses más ocasión,
de engañar mis esperanzas?
¿Qué victoria te promete
un rendido, para que hagas
suertes en él tan ociosas
como restituirle el alma,
para que con ella sienta
más tu rigor? Y así, ingrata,
o vuélveme mi locura
o tómate tu mudanza.

Campaspe   Que me baldones permito

          de mudable, de liviana
          y de inconstante (¡ay Apeles!)
          porque alcanzo que no alcanzas
          que quizá ha sido fineza
          el desdén de que te agravias.

Apeles   ¿Qué fineza, si no es más
          que, al verte de un rey amada,
          haber hecho fantasía
          del gusto, mostrando vana
          el que el ruido del poder
          suena siempre en consonancia?

Campaspe Si supieras que él quería,
          por tomar de ti venganza
          y de mí, saber no más
          si te amo o no, no culparas
          que hubiese sido cautela
          contra cautela la traza
          que halló mi amor, a pesar
          de mi amor.

Apeles   Pues ¿no importara
          menos que él me diera muerte
          que dármela tú? ¿Qué gana
          mi vida, di, si, porqué
          el no me mate, me matas?

Campaspe Luego ¿fuera más fineza,
          a todo trance empeñada,
          arriesgarlo todo?

Apeles   Sí;
          que mejor le está a una dama

                    ser fina que cautelosa.

Campaspe   Cautela hay menos culpada
                   de lo que fuera quizá
                   la fineza.

Apeles   Es ignorancia.

Campaspe   No es sino atención. ¿Querías
                   que mi amor le confesara
                   y te diera muerte?

Apeles   Sí;
                   que el día que mi honor salva
                   ver que, el día que seas mía,
                   no toca a mi confianza
                   interpretar los sentidos,
                   sino entender las palabras.
                   Fuéraslo (¡ay de mí!) el instante
                   que en darme muerte tardara;
                   muriera feliz, no triste.

Campaspe   Pues si eso es lo que te agrada,
                   a tiempo estás, que la mano
                   que no te di... Pero aguarda...
(Ruido dentro.)   que vuelven todos.

Apeles   ¡Oh, cuánto
                   perezosa se dilata
                   siempre la dicha!

Chichón   Hecho un bobo
                   me estoy oyéndolos. ¿Que haya,
                   habiendo amor de obra gruesa,

quien gasta el de filigrana,
todo retruécanos, todo
tiquismiquis?

(Salen todos.)

Estatira   Tu palabra
es ley y cumplirla debes.

Alejandro   Quien, por cumplir una, falta
a otra, no yerra; y así
es bien que el camino parta
entre las dos.

Siroés   ¿De qué suerte?

Alejandro   Que libre, Siroés, vayas,
llevando a Persia el tesoro
que era rescate de entrambas;

(A Estatira.)   y tú te quedes en Grecia.

Estatira   ¿Yo en Grecia?

Alejandro   Sí; mas no esclava,
sino esposa mía, supuesto
que murió en el mar Rojana.

Estatira   La ventura agradeciera,
puesta, señor, a tus plantas,
a no saber que Campaspe
te tiene cautiva el alma;
y entrar tropezando en celos
justamente me acobarda.

Alejandro	Habérsela dado a Apeles ese temor satisfaga. Y, porque lo veas, volviendo, Campaspe, a la acción pasada, a Apeles le da la mano.
Campaspe	Sí haré, de muy buena gana ahora, que es porque yo quiero y no porque tú lo mandas.
Alejandro	Aunque deslucir mi acción intentes, no estés muy vana; que nada le das tampoco.
Campaspe	¿Cómo?
Alejandro	Como, si le amabas, es dar lo que ya era suyo darlo todo y no dar nada. Y pues esto ha sido un solo paréntesis de las armas, prosiga al Peloponeso el ejército la marcha; que he de cumplir el agüero, venciendo naciones varias.
Estatira	Con esa satisfacción a tus pies estoy.
Alejandro	Levanta.
Nise	Yo he de quedarme contigo.
Alejandro	Con Efestión casada.

Diógenes	Y yo volverme a mi monte, donde te ruego que no vayas, ni me llames otra vez; que no sabes lo que cansa esto de andar componiendo de amor y celos las ansias.
Siroés	Dichosa yo, que la vuelta daré a mi padre y mi patria.
Estatira	Más dichosa yo, que quedo al logro de mi esperanza.
Apeles	Dichoso yo, que he alcanzado ver el fin de penas tantas.
Chichón	Más dichoso yo, que libre quedo, cuando otros se casan. Y pues más desocupado estoy, humilde a esas plantas seré quien pida por todos el perdón de nuestras faltas; aunque es darnos lo que es nuestro darlo todo y no dar nada.

Fin de la comedia

Libros a la carta

A la carta es un servicio especializado para
empresas,
librerías,
bibliotecas,
editoriales
y centros de enseñanza;
y permite confeccionar libros que, por su formato y concepción, sirven a los propósitos más específicos de estas instituciones.

Las empresas nos encargan ediciones personalizadas para marketing editorial o para regalos institucionales. Y los interesados solicitan, a título personal, ediciones antiguas, o no disponibles en el mercado; y las acompañan con notas y comentarios críticos.

Las ediciones tienen como apoyo un libro de estilo con todo tipo de referencias sobre los criterios de tratamiento tipográfico aplicados a nuestros libros que puede ser consultado en Linkgua-ediciones.com.

Linkgua edita por encargo diferentes versiones de una misma obra con distintos tratamientos ortotipográficos (actualizaciones de carácter divulgativo de un clásico, o versiones estrictamente fieles a la edición original de referencia).

Este servicio de ediciones a la carta le permitirá, si usted se dedica a la enseñanza, tener una forma de hacer pública su interpretación de un texto y, sobre una versión digitalizada «base», usted podrá introducir interpretaciones del texto fuente. Es un tópico que los profesores denuncien en clase los desmanes de una edición, o vayan comentando errores de interpretación de un texto y esta es una solución útil a esa necesidad del mundo académico.

Asimismo publicamos de manera sistemática, en un mismo catálogo, tesis doctorales y actas de congresos académicos, que son distribuidas a través de nuestra Web.

El servicio de «libros a la carta» funciona de dos formas.

1. Tenemos un fondo de libros digitalizados que usted puede personalizar en tiradas de al menos cinco ejemplares. Estas personalizaciones pueden ser de todo tipo: añadir notas de clase para uso de un grupo de estudiantes, introducir logos corporativos para uso con fines de marketing empresarial, etc. etc.

2. Buscamos libros descatalogados de otras editoriales y los reeditamos en tiradas cortas a petición de un cliente.

www.ingramcontent.com/pod-product-compliance
Lightning Source LLC
Chambersburg PA
CBHW022107090426
42743CB00008B/744